zur Arbeit kam. Jeden Tag zwanzig Kilometer hin, bei Wind und Wetter, und zwanzig Kilometer zurück; das wurde gnadenlos durchgezogen. So einer kommt weder zur Betriebsfeier noch zum Straßenfest in seiner Nachbarschaft. So einer erklärt sich auch nicht, wenn die Polizei ihn nach Motiven für seine lebensgefährlichen Attacken fragt. Die Verhaftung durch vier Zivilbeamte an seinem Spind, kurz vor der Spätschicht, hat er stumm über sich ergehen lassen.

Dass er den Giftanschlag auf Rösler nicht leugnen kann, ist Pohl völlig klar. Außerdem kommen jetzt noch weitere Vorfälle ans Tageslicht, die vermutlich ebenfalls auf sein Konto gehen. Zum Beispiel die plötzliche Erkrankung eines Kollegen aus der Abteilung, er kam mit Krämpfen und Magenblutungen ins Krankenhaus. Nachdem seine Nieren im Frühjahr 2018 komplett versagten, muss sein Blut nun dreimal die Woche an einer Dialysemaschine gereinigt werden. Oder das plötzliche Siechtum jenes Werksstudenten, keine dreißig Jahre alt, der zum Sommer 2016 mit einer schweren Quecksilbervergiftung und akuten Hirnschäden eingeliefert wurde. Er liegt seit zwei Jahren im Wachkoma: die Augen geöffnet, aber sonst ohne jeden eigenen Impuls.

Eindeutige Indizien, wenn nicht Beweise hat die Polizei schon vor der Verhaftung sichergestellt. Sie ergeben eine lange Spur. Vor rund acht Jahren hat der Einzelgänger nachweislich damit begonnen, sich in einem Kellerraum ein wahres Chemielabor einzurichten. Die Vorräte an Quecksilber, Bleiacetat, Kadmium und anderen Stoffen würden Schätzungen zufolge ausreichen, um die gesamte Bevölkerung von Bielefeld zu vernichten. Dazu finden sich im Keller auch Grundlagenwerke wie die mit eigenen Notizen gespickten *Berichte der deutschen chemischen Gesellschaft* von 1903, etliche Reagenzgläser in verschiedenen Größen und mehrere Goldwaagen. Alles, was ein Giftmischer braucht.

Aber warum gerade diese Kollegen, und warum weisen bei anschließenden Untersuchungen dann auch die Frau des Täters und ihre beiden Kinder alarmierende Quecksilberwerte im Körper auf? Hat da einer die ganze Menschheit um sich herum peinigen und über kurz oder lang vernichten wollen? Die Berichte in den Regionalzeitungen, die sich auf den Fall stürzen, können keine schlüssigen Antworten geben. Das gilt ganz ähnlich für den Prozess, der zum Winter 2018 am Landgericht Bielefeld beginnt. Dort soll sich der gelernte Industrieschlosser wegen heimtückischen und besonders grausamen versuchten Mordes in mehreren Fällen verantworten – während man in über zwanzig weiteren plötzlichen Todesfällen im Unternehmen seit der Jahrtausendwende vorsichtshalber ermittelt.

Der Angeklagte selbst hat sich bereits im Vorfeld geweigert, mit den Psychiatern zu reden, die ein Gutachten über seine Persönlichkeit anfertigen sollen. Auch mit Anwälten spricht er nicht. Das beharrliche Schweigen wird auch während der Verhandlungen nur ein einziges Mal gebrochen. Am vorletzten Tag, nach dem abschließenden Plädoyer seiner beiden Verteidiger, gibt Pohl tatsächlich einen vollständigen Satz zu Protokoll. Er lautet: »Ich schließe mich den Ausführungen meiner Verteidigung vollumfänglich an.«

Es ist ein kleiner, drahtiger Mann mit einem getrimmten Vollbart, der da völlig ungerührt zwischen den beiden Pflichtanwälten sitzt, und mancher Beobachter fragt sich, ob ihn das Geschehen im Saal überhaupt interessiert. Dabei sind die Anschuldigungen der Staatsanwaltschaft erheblich. Sie werfen ihm vor, dass er seine Kollegen in unregelmäßigen Abständen mit Quecksilberverbindungen vergiftet habe, um deren Schmerzen und Qualen mitzuerleben. Ein Forscher von eigenen Gnaden, der Privatstudien über die Wirkung toxischer Stoffe am lebenden Objekt betreibt. Und das Feldexperiment ungerührt fortsetzt, während die Probanden links und rechts von ihm schwerstgeschädigt zusammenbrechen.

Mangelnde Auffassungsgabe kann nicht dahinterstecken. Bekannte aus der Jugendzeit versichern Journalisten, dass hinter der stillen Fassade ein überdurchschnittlich intelligenter Geist sitzt. Pohl imponierte allen mit ausgeprägtem musischem Interesse und viel

Leidenschaft für anspruchsvolle Filme. Er verfügte schon früh über eine umfassende Allgemeinbildung und ein ausgeprägtes Talent zum Tüfteln. So wusste er als Schüler aus ein paar Glasscheiben ein Teleskop zu basteln und lieferte im Deutschunterricht oft herausragende Arbeiten ab. Nicht selten forderte ihn der Lehrer auf, sie vor der Klasse vorzutragen. Dann las er mit hochroten Wangen vor.

»Er schrieb wie ein Erwachsener, pointiert, mit gewaltigem Wortwitz«, schildert ein früherer Mitschüler einem Reporter des *Stern*. Vor dem Hintergrund war es umso tragischer, dass ihm gleichzeitig eine Rechtschreibschwäche zusetzte. Dazu kommt offenbar noch ein anderes Defizit: Lothar Pohl findet seit je einfach keinen Weg, aus sich herauszugehen. Er kann nicht recht vermitteln, was ihn bewegt, und schert sich umgekehrt auch wenig darum, wie es anderen geht. Der Mangel an Empathie und die Unfähigkeit, Konflikte auszutragen, schränken den Kreis seiner Bekannten über die Jahre immer mehr ein. Zur Hochzeit mit einer Frau aus Bremen lädt er kaum noch eigene Freunde ein. Auf Familientreffen spielt er später lieber mit Kindern von Verwandten, als sich unter die Erwachsenen zu mischen.

Was ihm diese Frau bedeutet, wie er sie kennengelernt hat: All das oder gar mehr aus dem Innenleben hat auch der Schulfreund nie erfahren. Ihm habe Pohl zu

Beginn der Liaison bloß gesagt: »Ich bin jetzt öfter in Bremen.« Die knappe Diktion war typisch für das bisschen Nähe: »Mit Lothar war man zusammen, ohne viel zu sprechen.«

Das kann man schrullig, verklemmt oder so unangenehm finden, dass man ganz pragmatisch in den Meide-Modus wechselt. So wie es in Pohls Betrieb oder auch in der Wohnsiedlung nahe Bielefeld geschieht. Dort hat eine Nachbarin am Morgen nach einem kleinen Streit einmal lauter Nägel auf ihrem Rasen entdeckt – so hinterrücks ausgestreut wie das Bleipulver auf den Pausenbroten. Man kann darin aber auch das stille Drama des gewaltbereiten Soziopathen sehen. Einer dissozialen Persönlichkeit also, die kein Mitgefühl kennt und nur ihre eigenen Ziele verfolgt. Allzu schnell gewillt, sich über die Bedürfnisse der anderen, allgemeine Konventionen, Normen und Gesetze hinwegzusetzen.

Die eingebaute Rücksichtslosigkeit macht aus dem einen Soziopathen unter Umständen einen durchsetzungsfähigen Geschäftsführer mit einem sechs- bis siebenstelligen Jahresgehalt – und aus dem anderen einen skrupellosen Kriminellen. Es kommt oft nur darauf an, wie clever oder charmant, dominant oder manipulativ er mit seiner Umgebung umzugehen weiß. Manche schaffen es, sich nach oben durchzubeißen; andere werden, wenn das nicht gelingt, völlig unscheinbar. So wie der introvertierte Lothar Pohl, über den der Personalleiter des Armaturenherstellers zum Reporter des *Spiegel* sagt: »Wenn es eine graue Maus gab, war Lothar unter den Grauen die Graueste.«

Hinter der Fassade der unauffälligen Randfigur, die häufiger zurücksteckt, brodelt es jedoch. Denn die Frustration, die der Soziopath dabei empfindet, löst starke Emotionen aus. Sie bauen sich in kleineren oder größeren Wellen auf und suchen sich irgendwann ein Ventil. Keines in der Art, wie es in den Werkshallen des mittelständischen Unternehmens hergestellt wird, sondern eines zum Ableiten von aufgestauten psychischen Energien. Dann braucht es nicht mehr viel, bis die graue Maus irgendwann Grenzen überschreitet – und heimlich zum Panther wird.

Der forensische Psychiater, mit dem der Angeklagte nicht sprechen will, hat im Auftrag des Gerichts gleichwohl dessen Vorleben recherchiert. Dabei ist er bald auf ein einschneidendes Erlebnis in der Familie gestoßen: Eines der beiden Kinder, das durch eine künstliche Befruchtung entstand, ist mit dem Down-Syndrom zur Welt gekommen; es entwickelt sich nur verzögert. Die Enttäuschung darüber könnte der Auslöser für die sich häufenden Giftattacken gewesen sein – auch wenn sich das nicht mit letzter Sicherheit belegen lässt, wie der Psychiater betont. »Der Angeklagte stand der Behinderung des eigenen Sohnes hilflos gegenüber«, heißt es im

Gutachten. »Auf der anderen Seite schwang er sich zum Herrn über Leben und Tod auf.«

Das passt ins Profil des Soziopathen, der bei allen abrupten Stimmungsschwankungen doch die Kontrolle behalten will. Wird sie akut bedroht, kann er in helle Aufregung verfallen. Und das ist recht genau das Verhalten, das Lothar Pohl an den Tag legt. Er sabotiert jetzt das Glück der anderen und pickt sich dafür willkürlich Opfer heraus, mit denen es gar keine Konflikte gibt. Im Gegenteil: Gerade zu dem jungen Studenten, der in den Semesterferien in seiner Abteilung arbeitete, hat Pohl wohl einen betont freundlichen Umgang gepflegt. Nur ist das für eine dissoziale Persönlichkeit im Zweifel nicht von Bedeutung.

Es kann sogar sein, dass der verdeckt operierende Täter Befriedigung, wenn nicht Freude dabei empfindet, wann immer er sich das Ausmaß des verursachten Leidens vorstellt. Die heftigen Krämpfe wie die inneren Blutungen sind dann Indikatoren seiner Macht. Dazu kommt das erhebende Gefühl der Überlegenheit, solange seine kriminellen Attacken nicht entdeckt werden: In einer Landschaft von lauter Ahnungslosen ist er der Einzige, der den Durchblick hat. Er weiß, was da gespielt wird.

In der Summe ist all das nicht dazu angetan, die Geschworenen am Bielefelder Landgericht besonders mild zu stimmen. Sie mögen die Ausführungen des Gutachters interessiert zur Kenntnis genommen haben. Dennoch stehen die besondere Heimtücke der Gewalttaten sowie ihr enormer Kollateralschaden bei der Bemessung des Strafmaßes im Vordergrund. Hier hat einer in Serie, über mehrere Jahre hinweg die Gesundheit und das Leben beliebig ausgewählter Menschen nachhaltig ruiniert. Ein gefährlicher Hangtäter, wie das heißt, mit dem der Richter bei der Urteilsverkündung schonungslos abrechnet: »Sie haben Ihren Opfern schwerstes und lebenslanges Leid zugefügt und einen Hang zu weiteren schweren Straftaten. Sie sind eine Gefahr für die Allgemeinheit.«

Darum wird gegen Pohl das maximale Strafmaß verhängt, obwohl zu diesem Zeitpunkt (noch) keines seiner Opfer an den Folgen der Giftattacken gestorben ist. Das ist eine Ausnahme in der deutschen Justiz; sie bedeutet, dass der Angeklagte eine lebenslange Haftstraße zu verbüßen hat. Die besondere Schwere der Schuld verhindert zudem, dass er mit dem Ende der Haftstrafe in die Freiheit entlassen werden kann. »In der Sicherheitsverwahrung haben Sie die Chance, sich ihre Ungefährlichkeit zu erarbeiten«, sagt der Vorsitzende Richter noch in seine Richtung.

Ob Lothar Pohl diese kleine Chance jemals zu nutzen versteht, ist allerdings fraglich. Es würde voraussetzen, dass er seine ungerührt verübten Taten irgendwann reflektiert und tatsächlich bereut. Genau dafür haben Soziopathen wie er jedoch ausgesprochen wenig Talent. Sie fühlen sich niemals verantwortlich, gar schuldig, und die Belange ihrer Mitmenschen sind ihnen in aller Regel völlig egal. Salopp formuliert, müsste Pohl in der Haft also aufhören, Soziopath zu sein. Aber das setzt einen langen Weg durch die psychiatrische Therapie voraus.

Die auffällige Skrupellosigkeit hinter den perfiden Attacken mag ein Grund dafür sein, dass der Fall des (fälschlicherweise) sogenannten »Pausenbrot-Killers« die Öffentlichkeit weit über Ostwestfalen hinaus beschäftigt. Der andere dürfte in der Tatwaffe liegen. Dass ein männlicher Täter mit giftigen Mitteln arbeitet, um andere schwer zu schädigen, kommt in der öffentlichen Wahrnehmung eher selten vor. Die konservative Auffassung der Geschlechterrollen gibt dem männlichen Täter bevorzugt Schusswaffen, brachiales Werkzeug oder die rohe körperliche Gewalt in die Hand. Der Einsatz hochgiftiger Substanzen erscheint dagegen mehr oder weniger exklusiv dem nachgesagt »schwachen Geschlecht« vorbehalten. So will es zumindest das Klischee.

Tatsächlich haben auch etliche Männer seit jeher die enormen Vorteile der toxischen Gewalttat zu schätzen gewusst. Sie ist im Vergleich die weitaus dezentere Option, sie ist kalkulierbarer anzuwenden und darüber hinaus auf den ersten Blick kaum zu erkennen. Es muss schon ein akuter Verdacht vorherrschen, bevor die herbeigeführten Todesfälle überhaupt von Kriminologen und Gerichtsmedizinern unter die Lupe genommen werden. Bis dahin können Monate, wenn nicht sogar Jahre vergehen, was die Aufklärung und Verfolgung nicht eben leichter macht. In dem Sinne hielt der römische Rhetoriker und Gelehrte Quintilian bereits im ersten Jahrhundert nach Christus fest: »Schwerer ist es, Gift zu erkennen als einen Feind.«

Schon Attalos III., letzter König von Pergamon (138–133 v. Chr.), soll dem Arzt und Gelehrten Galenos zufolge einen Giftgarten angepflanzt haben, um für alle Attacken gewappnet zu sein. Ganz ähnlich hat der römische Kaiser Caracalla (188–217 n. Chr.) auf seinen Reisen in Vorderasien jede Menge giftiger Pflanzen erworben und gesammelt. Es war seine Art der Vorratshaltung, »um sich all derer zu entledigen, die zu töten ihm beliebten«, wie es in einer Quelle heißt. Später nutzten adlige wie bürgerliche Herrschaften vorzugsweise das geruch- wie geschmacklose Arsen, auch »Erbschaftspulver« genannt, für tödliche Absichten. So soll König Otto III. im Jahr 1002 durch ein Paar kostbare, aber innen mit Arsen eingeriebene Lederhandschuhe vergiftet worden sein, die ihm die Witwe des römischen Patriziers Crescentius I. überbringen ließ. Das Gift, das er über die Haut aufnahm, war demnach die Revanche dafür, dass Otto jenen vier Jahre zuvor in Rom köpfen und den übrigen Leichnam ausstellen ließ.

Das alles und mehr geschah jeweils ohne Beweise, weil das vom Engländer James Marsh entwickelte Nachweisverfahren für Arsenik, die »Marsh'sche Probe«, erst ab 1834 serienreif war. Mit dem Aufkommen der ersten Massenmedien wurden spektakuläre Giftmorde dann häufiger wissenschaftlich bewiesen – und bald auch international bekannt.

Zum Beispiel Seweryn Antonowicz Klosowski alias George Chapman. Der aus Polen eingewanderte Friseur mischt in London zwischen 1897 und 1902 drei Frauen, mit denen er nacheinander zusammenlebt, das giftige Halbmetall Antimon ins Essen. Als es auf einen Verdacht hin in den Leichen gefunden wird, landet Chapman vor Gericht, wird verurteilt und im April 1903 im Wandsworth Prison gehängt. Die Vermutung, dass er mit dem gesuchten Serienmörder Jack the Ripper identisch ist, bestätigt sich jedoch nicht. Es kommt eben selten vor, dass ein Täter seine Art zu töten wechselt.

Oder Karl Hopf. Der Frankfurter Unternehmer, Drogist und Hundezüchter traktiert seinen Vater, zwei Ehefrauen und mindestens eines seiner Kinder kurz vor dem Ersten Weltkrieg so lange mit ausgeklügelt dosiertem Arsen sowie Typhus- und Cholerabazillen, dass sie an den Folgen sterben. Er kann überführt werden, weil dem Chemiker Georg Popp erstmals der Nachweis von

Giften in Knochen und Organen von exhumierten Leichen gelingt. Der Richter spricht bei seiner Verurteilung zum Tode im Januar 1914 von einer »neuen, wissenschaftlichen Art des Mordens«. Zwei Monate später wird Hopf durch das Fallbeil gerichtet.

Oder Hawley H. Crippen, der »Giftmörder von Camden«. Der in den USA geborene Mediziner bringt seine Frau Cora mit einem Giftcocktail zu Tode und versteckt die zerlegte Leiche unter dem Fußboden ihrer Londoner Wohnung. Die anschließende Flucht mit seiner Geliebten Richtung Kanada wäre wohl kaum noch gestoppt worden, hätte der Chemiker Bernard Spilsbury nicht so zügig Spuren des Beruhigungsmittels Hyoscin bei der Toten nachgewiesen. Seither gilt Spilsbury als einer der Wegbereiter der modernen Rechtsmedizin – auch wenn die Identität der Ermordeten seit einem DNA-Abgleich von 2007 ernsthaft in Zweifel gezogen wird.

Nicht zuletzt werden die meisten Giftanschläge mit einem politischen Hintergrund von männlichen Agenten und Kollaborateuren eingefädelt. Sie sorgten auf russischer Seite etwa dafür, dass zwischen 1957 und 1959 zwei führende Köpfe der Organisation ukrainischer Nationalisten mitten in München liquidiert wurden. Ein KGB-Agent feuerte in beiden Fällen mit einer Pistole eine Blausäure-Ladung auf die Exilanten ab. Zwanzig Jahre später, im September 1979, ließ der bulgarische Geheimdienst den unliebsamen regimekritischen Publizisten Georgi Markow in London durch das berüchtigte »Regenschirmattentat« beseitigen: Ein Agent schoss im Vorbeigehen ein winziges Projektil mit dem Pflanzengift Rizin aus dem Griff seines Schirms in die Wade des Opfers, das an der Waterloo Bridge auf den nächsten Bus wartete. Vier Tage später war Markow tot. Das Projektil war eine Aufmerksamkeit des KGB zum Geburtstag des bulgarischen Staatschefs Todor Shiwkow, wie ein Insider später verriet.

Auf westlicher Seite wurden zwischen den CIA-Labors in Langley und denen des britischen Geheimdienstes bald jeden Monat neue Giftanschläge ersonnen, die das kubanische Problem namens Fidel Castro beseitigen sollten. Mal war das eine mit Nervengift versetzte Zigarre, mal ein mit Tuberkulose-Erregern verseuchter Taucheranzug. Der Maximo Líder entging allen Versuchen jedoch beharrlich. Später wurde PLO-Führer Jassir Arafat zur beliebten Zielscheibe von geplanten Anschlägen. So wird weiter darüber spekuliert, ob sein Tod im November 2004 eventuell die Folge einer Vergiftung gewesen sei: Die Konzentration von Polonium 210 in seinem exhumierten Leichnam gibt bis heute Rätsel auf. Das gleiche radioaktive Isotop war zwei Jahre später eindeutig der Grund für den qualvollen Tod des nach Großbritannien übergelaufenen russischen Agenten Alexander Litwinenko.

Mutig oder feige, hinterrücks oder nicht: Das sind nicht die Kriterien von Geheimdiensten und verdeckten Akteuren, die unliebsame Gegner so geräuschlos und effizient wie möglich aus dem Spiel nehmen wollen. Auch andere, strategisch planende Täter setzen sich darüber ohne langes Zögern hinweg. Erst vor Gericht, bei der Bemessung des Strafmaßes, spielt das heimtückische Vorgehen eine mitentscheidende Rolle. Und bemerkenswerterweise gilt das auch in der Haft. Dort rangieren Giftmischer (und Giftmischerinnen) in der Hierarchie der Insassen gewöhnlich ziemlich weit unten – knapp über den Delinquenten, die sich in irgendeiner Weise an Kindern vergriffen haben.

Ist es also eine gute Idee, dass Hartmut B. *(Name geändert)* und Dieter T. *(Name geändert)* eines Tages Zellengenossen werden? Der kaum fünfundzwanzigjährige T. aus Marl, einer Stadt am oberern Rand des Ruhrgebiets, ist durch etliche Gewaltdelikte, Einbrüche und Ähnliches schon ein Stammgast in nordrhein-westfälischen Haftanstalten. Er hat sich immer ohne Umschweife zu seinen Taten bekannt. Das hat ihm auch auf den Gefängnisfluren der JVA Werl zusammen mit seinem breiten Kreuz einen gewissen Respekt verschafft. Von heute auf morgen aber soll er nun die zehn Quadratmeter seiner Zelle mit einem Mann Anfang fünfzig teilen, den sie hier »Arseni« rufen. Einem Giftmörder also, der geltend macht, dass er nur wegen eines ungerechten Urteils hier gelandet ist – statt auf seine kriminellen Werke stolz zu sein.

Kaum eine Woche vergeht, in der B. nicht wieder neue Schreiben an seine Anwälte fertigt und Eingaben bei Gerichten macht oder sich bei der Haftleitung über dies und jenes beschwert. Ein Querulant, wie er im Buche steht, der sich für schlauer als alle anderen hält: So beschreiben ihn seit jeher alle, die irgendwann mit ihm zu tun hatten. Der Unterschied ist nur: Was da draußen einfach nur nervt, wird in dieser kleinen Welt mitunter sehr schnell sehr heftig geregelt. Und dann ist manchmal alles zu spät.

B. ist jedenfalls nicht mehr zu helfen, als ihn zwei Vollzugsbeamte eines Morgens im Frühjahr 1981 leblos in der Zelle vorfinden: Stranguliert mit dem Kabel eines Radios, das ihm sein Mitbewohner um den Hals gelegt hat. T. lässt die beiden Bediensteten dann auch gleich wissen, dass diese Tat auf seinen Deckel geht: Er habe diesen unerträglichen Typen erledigt, sobald der gestern Abend auf seiner Koje eingeschlafen war. Das sei die Quittung für dessen widerliche Tat, deren Details er neulich erst von ihm erfahren habe. Die selbstgefällige Art und Weise, in der er sich damit gebrüstet habe, sei für ihn der Auslöser für die Tat gewesen. Damit habe der Typ ihn in Rage gebracht – mehr als jeder andere Stress, den er sonst schon erlebt habe.

Damals wurde zuerst der Anstaltsarzt geholt, um B.

zu untersuchen, den Tod festzustellen und den Totenschein auszustellen. Zeitgleich werden die Kripo und die Staatsanwaltschaft verständigt. Es ist immer der Anfang einer langwierigen Prozedur, weil die Justizbehörde bei jedem Todesfall in der Haft, insbesondere einem gewaltsamen Tod, ein Todesermittlungsverfahren einleitet und jeden Fall genau unter die Lupe nimmt; jeder Verstorbene wird obduziert. Jahre später erzählte T. mir für eine TV-Dokumentation über den Fall in seiner knappen Diktion, wie angewidert er von dem älteren Zellengenossen und dessen Tat gewesen sei. Vor allem, weil dessen Giftattacke eigentlich für ein wenige Monate altes Kind bestimmt war. Er selbst habe zwar hier mal jemanden zusammengeschlagen und da mal etwas mitgehen lassen. Aber einem unschuldigen Säugling das Leben gleich wieder wegnehmen zu wollen, das ging für den Sohn einer vielköpfigen Familie gar nicht.

Es ließe sich bestimmt darüber streiten, ob der einschlägig vorbestrafte Delinquent so ein moralisches Urteil überhaupt fällen durfte. Ich fand es seinerzeit trotz allem, oder gerade deshalb, bemerkenswert. Zumal ich mich recht genau an den Todesfall erinnern konnte, den Hartmut B. mit seinem zynischen Anschlag ausgelöst hatte. Denn seine Geschichte wurde 1980 während des aufsehenerregenden Strafprozesses in jeder Zeitung, jedem Lokalsender zwischen Düsseldorf und Dortmund rauf- und runtererzählt.

Der damals fünfzigjährige Krankenpfleger ist zunächst glücklich, als er die dreißig Jahre jüngere Julia Z. *(Name geändert)* für sich gewinnen kann. Die gertenschlanke Schwesternschülerin aus Dorsten erlebt ihn in einer großen Klinik im Ruhrgebiet als souveränen und erfahrenen Pfleger, der sein Metier beherrscht. Es dauert dann auch nicht lange, bis da eine Liaison beginnt. Nur gibt es unterschiedliche Vorstellungen, als sie bald darauf schwanger wird. Was für ihn der Start zur Gründung der Familie ist, die er immer haben wollte, ist für sie der Anlass, sich zurückzuziehen: Sie will das Baby, aber nicht mehr ihn.

Dass etwas anders läuft, als es seiner Ansicht nach sollte, ist gerade für diesen Mann ein echtes Problem. Wie oft hat er nicht schon die Jobs gewechselt, wenn er sich Kollegen und Vorgesetzte zu Feinden machte; wie oft tauschte er nicht schon alte Freunde gegen neue aus. Immer wieder sucht sich der querulatorische Charakter neue Felder, auf denen er die Spielregeln zu bestimmen trachtet. Nun hat er auf die junge Frau, die er in seinem Sinne prägen wollte, plötzlich keinen Zugriff mehr. Diese Erkenntnis lässt ihn schier ausrasten – und schnell an all die Mittel denken, die ihm auf seiner Station für einen Racheakt zur Verfügung stehen.

Hinterrücks und ohne Skrupel zurückzuschlagen, sobald er sich als Opfer fühlt: Darin hat der dünnhäutige Mann einige Übung. Nach einer Kündigung hat er sich schon mal erfolglos an eine Zeitungsredaktion gewandt, damit diese über Missstände bei seinem ehemaligen Arbeitgeber berichtet. Nun, mehr als ein Jahr nach der von ihm bekämpften Geburt seines Sohnes, kommt es zu einem tragischen Todesfall: Julias zwei Jahre jüngere Schwester stirbt mit gerade neunzehn Jahren. Jeder weiß, dass sie an einem Herzfehler litt und bereits zwei Operationen hinter sich hatte. Darum wird ihr Ableben sehr betrauert, aber weder hinterfragt noch untersucht.

Doch als die Eltern der Schwestern einige Monate später mit schweren Vergiftungserscheinungen ins Krankenhaus eingeliefert werden, kommt das diesmal auch den Ärzten merkwürdig vor. Also untersuchen sie die Mageninhalte der beiden, nachdem sie deren Leben retten konnten – und stoßen hier wie dort auf Arsen. Damit wird für die umgehend eingeschaltete Polizei bald eine Linie erkennbar. Sie muss nur einige der Vorfälle miteinander in Beziehung setzen, von denen Julia und andere ihr berichten.

Da war die Flasche mit dem Früchtesirup, die Hartmut ihr beiläufig während der Schwangerschaft schenkte. Wie sich später herausstellte, war darin auch ein Wehen treibendes Mittel. Es wäre in dieser Konzentration lebensgefährlich für das ungeborene Kind gewesen, hätte zu einem Abort geführt. Nur rührte seine Mutter die Flasche aus Prinzip nicht an.

Da war der leitende Pfleger auf ihrer Station, den

Hartmut tatsächlich dazu überreden wollte, heimlich ein Abtreibungsmittel in ihren Kaffeebecher zu schütten. Das wies der zurück, allerdings ohne andere sofort darüber zu informieren. Als sei das bloß ein spontaner Gedanke, die einmalige Entgleisung eines enttäuschten Liebhabers an einem gebrauchten Tag.

Und da war die Werbesendung mit Probefläschchen voll Babybrei, die bald nach der Geburt des Sohnes im Briefkasten lag. Wie man das in dieser Branche so macht, um bei jungen Müttern für die eigenen Produkte zu werben. Davon hatte Julia bisher nichts angerührt, wohl aber ihre Eltern, bei denen sie zu der Zeit wohnte. Die gehören noch zu jener Generation, die Lebensmittel nicht verfallen lässt. Also nahmen sie den Brei für eine Zwischenmahlzeit – und landeten kurz darauf im Krankenhaus.

Der Rest ist eine Sache für die Detektive im Labor. Sie weisen starke Spuren von Arsen in jeder Probe nach. Nicht viel später wird mit Einverständnis der Familie der Leichnam von Julias Schwester exhumiert und in der Rechtsmedizin untersucht. Dabei findet sich das gleiche Gift. Das lenkt in Summe den dringenden Tatverdacht auf Hartmut B. Der hat schon mehrfach Wege gesucht, Mutter und Kind aus dem Hinterhalt zu vergiften. Außerdem ist er Julia in der ganzen Zeit nicht von der Pelle gegangen. Er umgarnte oder belästigte sie, je nachdem, welche Affekte ihn beherrschten.

Zu Weihnachten etwa tauchte Hartmut mit Eheringen bei den Eltern in Dorsten auf, wo Julia inzwischen wohnte, um einen förmlichen Antrag zu unterbreiten. Nach der erneuten Zurückweisung schaltete er dann gleich wieder auf Attacke um. Einmal legte er Nacktfotos von Julia in der Nachbarschaft aus, um sie zu desavouieren. Ein anderes Mal zeigt er sie wegen Heiratsschwindels und Notzucht an: Er unterstellt, sie habe ihm damals ein Aphrodisiakum untergemischt, um ihn zum Sex zu drängen.

Der Begriff Stalking gehört in diesen Jahren noch nicht zum Wortschatz von Polizei und Justiz und hat sich noch längst nicht im Strafgesetzbuch etabliert. Das zeigt auch die Reaktion auf Julias Anzeige wegen der Nacktfotos: Ein Gericht spricht ihr gerade mal zweihundert D-Mark Schmerzensgeld wegen Beleidigung und übler Nachrede zu. Gleich nach der Obduktion der Schwester aber wissen die Ermittler dem verdächtigen Mann auf die Schliche zu kommen. Bei der Durchsuchung seiner Wohnung stellen sie weitere mit Arsen versetzte Babybreiproben sicher. Dazu finden sich lose Vorräte an Arsen. Das ergibt zusammen mit den früheren, gescheiterten Versuchen eine ganze Reihe eindeutiger Indizien.

Hartmut B. hat mit den vergifteten Babybreiproben die junge Frau gemeint, die ihn in seinen Augen zum reinen Unterhaltzahler herabgewürdigt hat. Der perfide

Anschlag sollte ihr nehmen, was sie nicht mit ihm teilen wollte, und hätte die Mutter just in dem Moment, wo sie ihr Baby versorgt und nährt, ohne es zu wissen, zur Kindestöterin gemacht. Stattdessen trifft sein ganzer Zorn die unbeteiligte Schwester und dezimiert eine Familie. Die muss mit furchtbaren Erfahrungen leben und ist Nebenklägerin in dem Prozess, bei dem sich der Angeklagte bis zum letzten Verhandlungstag gegen die erdrückende Beweislast wehrt. So wie er immer auf seiner Sicht der Dinge bestanden hat: der Einzige, der richtigliegt, während ihm Hunderte von Geisterfahrern entgegenkommen.

Auf die entscheidenden Fragen aber hat er keine schlüssigen Antworten parat, und am Ende dieser traurigen Vorstellung wird Hartmut B. wegen versuchten Mordes, unbeabsichtigter Tötung und unbeabsichtigter Körperverletzung mit einer zehnjährigen Haftstrafe belegt. Mehr gibt der Strafrahmen kaum her, da ein psychologisches Gutachten dem Ersttäter psychopathische Züge und damit eine eingeschränkte Schuldfähigkeit attestiert. Letztlich wird er aber auch diese Strafe aus den genannten Gründen nicht vollends verbüßen.

Es ist möglich, dass B. seinem Zellengenossen imponieren wollte, als er ihm von seiner Tat erzählte. Er wäre nicht der Erste, der auf diese Weise versucht, sich zu brüsten, um gefährlicher zu erscheinen, als er ist: ein ausgekochter Bursche, den man lieber in Ruhe lässt.

Doch Respekt verdient sich einer im Knast mit Einbrüchen, Bankraub und unmittelbarer Gewalt – nicht mit einem verheerend gescheiterten, hinterhältigen Giftattentat auf ein Neugeborenes. Das nicht zu wissen oder auch nur zu ignorieren kann einen Unerfahrenen in diesem Mikrokosmos teuer zu stehen kommen. Womit die Gewalttat weder gerechtfertigt noch gutgeheißen werden soll.

Ein Einzeltäter mit psychopathischen, narzisstischen Merkmalen also und ein anderer mit soziopathischen Zügen: Beides ist nicht völlig untypisch für dieses besondere Täterprofil. Wer für seine kriminellen Zwecke Gift einsetzt, handelt nicht aus dem Affekt heraus. Der kann seine Aggression halbwegs sublimieren und verfolgt eine in Eigenregie gefertigte, eher mittelfristige Strategie. Das erfordert in der Regel Geduld, ein gewisses Grundwissen um die Wirkung toxischer Stoffe – und die Möglichkeit, sich einen Zugang dazu zu verschaffen, wie Stefan Tönnes, Leiter der Forensischen Toxikologie der Frankfurter Rechtsmedizin, in einem Interview mit dem Magazin *Focus* betont hat.

»Der eine entscheidende Punkt war stets, welche Gifte man zu einer bestimmten Zeit kannte«, führte Tönnes aus. »Und der andere, ob man an diese Stoffe auch herankommen kann.« So ließ etwa der römische Kaiser Trajan (53–117 n. Chr.) den Anbau des hochgiftigen Blauen Eisenhuts in seinem Reich verbieten, um etwaigen Attacken gegen seine Person vorzubauen. Andere in seinem Amt probierten die Wirkung solcher Pflanzen in wechselnder Dosierung an Gefangenen bzw. zum Tode Verurteilten aus. Sie waren die ersten Pharma-Dummys, wenn man so will. Später befassten sich in Europa vor allem Frauen mit den heilenden oder gefährlichen Wirkungen von Pflanzen. Vor dem Hintergrund wundert es nicht, dass ihr Anteil an bestimmten Rezepturen wie dem *Aqua Tofana* sowie daraus resultierenden Giftmorden herausragend war.

Nach der gleichen Logik geht inzwischen ein beträchtlicher Teil der Gefahr vom geschulten Personal in Kliniken und Pflegeeinrichtungen aus. Es ist kompetent und in der Lage, sich viele Zutaten selbst zu beschaffen. So kann man den Fall des Pflegers Hartmut B. auch als richtungweisend verstehen – schließlich folgten ihm gerade in Deutschland und Österreich eine ganze Reihe spektakulärer Serien von Giftmorden in weißen Kitteln nach. Das reicht von den vier Krankenschwestern einer Wiener Klinik, die in den Achtzigern als »Lainzer Todesengel« bekannt wurden, bis zu jenem narzisstisch gestörten Krankenpfleger, der bis 2005 in zwei norddeutschen Krankenhäusern geschätzt über hundert Patienten zu Tode kurierte. Der Prozess um die größte Mordserie in Deutschland seit Kriegsende bewies nicht zuletzt, wie toxisch sich eine latente schwere Persönlichkeitsstörung in Kombination mit einer wiederkehrenden Überforderungssituation in diesem brisanten Umfeld auswirken kann.

Insgesamt ist die Anzahl der Giftmorde und -mordversuche der Todesursachen-Statistik zufolge dennoch merklich zurückgegangen – was auch an der Abschreckung durch neuere, hochempfindliche Nachweisverfahren in den Laboren liegen könnte. Hier fällt kein Nanogramm Arsen oder Zyankali, E 605 oder sonst ein Pestizid mehr durchs Raster, wenn man danach sucht. Aber wie viel sagen Statistiken angesichts einer Dunkelziffer, die bei solchen Delikten nach Ansicht von Experten ganz erheblich ist, tatsächlich aus? Voraussetzung für jede Ermittlung ist heute wie vor tausend Jahren der Anfangsverdacht – und bis es erst mal dazu kommt, können Monate, Jahre oder auch Jahrzehnte vergehen. In dem Zusammenhang gilt immer noch das Resümee von Louis Lewin, dem legendären Begründer des Toxikologischen Instituts an der Berliner Charité.

»Dieses Verbrechen hat eine besondere, keinem anderen sonst gleichende Eignung«, schrieb Lewin in seinem 1920 veröffentlichten Grundlagenwerk *Die Gifte der Weltgeschichte*. »Nur der Verüber, der aus sicherem Dunkel heraus Krankwerden oder Tod gesandt hat, kennt die Ursache des Unheils. Der Arzt aber wird nur, wenn er ganz besonders auf diesem Gebiet Erfahrung und Wissen besitzt, Verdacht schöpfen und die Ursache des

Leidens an ihren richtigen Ort und in ihre richtige Art verlegen.«

Hinter einem roten Vorhang

Im Juli 1966 trifft auf der Polizeistation von St. Helier, der Hauptstadt der britischen Kanalinsel Jersey, ein ominöser Brief ohne Absender ein. Er ist handschriftlich verfasst und hat, ins Deutsche übersetzt, folgenden Wortlaut:

Mein lieber Sir,
ich denke, es ist an der Zeit, dir zu sagen, dass du nur deine Zeit verschwendest, denn ich habe jedes Mal getan, was ich tun wollte, und denk daran, dass es damit nicht aufhören wird, aber ich werde fair zu dir sein und dir eine Chance geben. Ich habe nie viel vom Leben gehabt, aber jetzt beabsichtige ich, so viel wie möglich davon zu kriegen … Ich wollte immer das perfekte Verbrechen begehen. Das ist mir bisher gelungen. Aber lass dieses Mal den Mond im September ganz hell scheinen, denn auch diesmal muss es perfekt sein. Ich bin weit entfernt davon, verrückt zu sein, aber ich spiele gern mit

Leuten wie euch. Ihr werdet vor September von mir hören, und ich werde alle Hinweise geben. Einfach nur, um zu sehen, ob ihr mich ergreifen könnt.

Die Adressaten müssen nicht lange überlegen, auf welch düstere Ereignisse sich der anonyme Verfasser bezieht – so viele Verbrechen gibt es auf Jersey nicht. Zu jener Zeit werden in einer Metropole wie London Tag für Tag fast sechshundert Gewaltdelikte registriert. Doch auf einer 14,5 mal 8 Kilometer kleinen Insel im Ärmelkanal sind solche Taten eine Seltenheit. Dort leben in den 1960ern kaum mehr als dreißigtausend Menschen. Dieses »jedes Mal«, von dem da die Rede ist, kann sich also nur auf die Serie von Fällen beziehen, die neun Jahre zuvor begonnen hat. Es handelt sich um sehr brutale, auch sexuell motivierte Überfälle auf halbwüchsige Mädchen und Jungen sowie junge Frauen. Sie wurden von umfangreichen, aber letztlich ergebnislosen Ermittlungen begleitet, die man vor Ort mit jener typischen Mischung aus Angst und Sensationslust verfolgt hat. Wie Menschen nun mal reagieren, wenn etwas so Unerhörtes in unmittelbarer Umgebung passiert.

Der einzige Trost, den Jerseys brave Bürger zu haben glauben, ist die Tatsache, dass die ominöse Serie nach dem letzten Vorfall im August 1964 abgerissen scheint. Keine weiteren schwer verletzten Opfer seither, keine weiteren »*horror news*«. Das lässt eine aufgeschreckte Community allmählich zur Ruhe kommen. Zumal das vorläufige Ende der schwarzen Serie ein gängiges Erklärungsmuster bedient: Wer immer das gewesen ist, kann nicht aus unserer Mitte stammen; da muss einer von außen gekommen und irgendwann auch wieder verschwunden sein. Diese Art von Erzählung ist beruhigend genug, um wieder halbwegs ins normale Leben zu finden. Raus aus der Verunsicherung, zurück zur Tagesordnung.

Mit diesen seltsam abgeklärten und doch bedrohlichen Zeilen aber wäre das bisschen Zuversicht dahin, das sich auf Jersey wieder aufgebaut hat. Deshalb macht die Polizei das anonyme Schreiben zunächst nicht öffentlich. Außerdem besteht theoretisch die Möglichkeit, dass sich da ein Trittbrettfahrer, ein Nachahmer oder vielleicht auch ein »*lunatic*«, also irgendein Verrückter, einen ziemlich üblen Spaß erlaubt. Ermittelnde auf der ganzen Welt kennen das zur Genüge. Noch im August aber geschieht, was der Verfasser in seinem Schreiben angekündigt hat: Die Insel wird vom nächsten Gewaltdelikt erschüttert.

In der Gemeinde Trinity, im Norden der Insel, wird ein fünfzehnjähriges Mädchen am späten Abend nahe einer Bushaltestelle überfallen. Das Opfer erinnert sich an einen kleinen, seltsam maskierten Mann, der es mit einem Seil gefesselt und dann äußerst brutal vergewaltigt hat. Der Körper des Mädchens weist an etlichen

Stellen längere, parallel verlaufende Schürfspuren auf; sie sind zu regelmäßig, um von simplen Kratzattacken zu stammen. Außerdem berichtet das Mädchen von einem *»musty smell«*, also einem strengen Geruch, der vom Mantel des Angreifers ausgegangen sei.

Das kommt der Polizei leider allzu bekannt vor. Auch im November 1957 soll es ein untersetzter, maskierter Mann in einem muffigen Mantel gewesen sein, der den ersten, vergleichbaren Übergriff verübt hat. Er zog an einer Bushaltestelle bei Mont a l'Abbe, unweit von St. Helier, eine neunundzwanzigjährige Krankenschwester ins Gebüsch, um sie dort zu vergewaltigen. Das Opfer trug mehrere Platzwunden davon, die im Krankenhaus genäht wurden. Der zweite Übergriff folgte im März 1958 in der erwähnten Gemeinde Trinity: Eine zwanzigjährige Frau wurde auf dem späten Heimweg überfallen, ins Abseits gezerrt und vergewaltigt. Im August 1959 traf es dann ein junges Mädchen in der Gemeinde Grouville, und zwei Monate später eine achtundzwanzigjährige Frau in der Gemeinde St. Martin, die im Nordosten der Insel liegt. All diese Attacken wurden jeweils um Vollmondnächte herum verübt.

Das war erst der Anfang. Im Februar 1960 drang der maskierte Mann in der Region Grands Vaux nahe Mont a l'Abbe nachts in ein Haus ein und misshandelte einen zwölfjährigen Jungen. Einen Monat darauf bot er einer Fünfundzwanzigjährigen, die in St. Brélade auf dem Weg zur Bushaltestelle war, eine Mitfahrgelegenheit an, nur um sie jenseits der Straße brutal zu überwältigen und gefesselt zu vergewaltigen. Er drohte ihr an, sie umzubringen, falls sie sich wehren oder sich bemerkbar machen würde. Einen Monat später wiederum brach er in ein etwas abgelegenes Cottage in der St.-Martin-Gemeinde ein, bedrohte eine dreiundvierzigjährige Mutter und vergewaltigte deren Tochter. Bis April 1961 folgten fünf weitere Gewaltverbrechen.

Wen wundert es da, wenn auf der sonst so beschaulichen Insel längst vom »Beast of Jersey« gesprochen wird? Viele Bewohnerinnen und Bewohner rüsten mit Waffen und Schlagwerkzeugen jeder Art auf, um bei einem Einbruch wehrhaft zu sein. Die Zeit, als hier weder Häuser noch Autos abgeschlossen wurden, ist definitiv vorbei. Längst wird den Kindern verboten, sich im Dunkeln auf den Straßen zu tummeln. Viele werden jetzt sogar von der Schule oder dem Kindergarten abgeholt. Es ist ein anderes, ein weniger unschuldiges Jersey, das sich da entwickelt – von Vorsicht, Verdacht und Angst geprägt.

Die örtliche Polizei gibt zwar ihr Bestes, um dem Furcht einflößenden Phantom auf die Spur zu kommen. Besonders trainiert auf solche Gewaltverbrechen ist sie allerdings nicht. Also schickt ihnen Scotland Yard bald den Detective Superintendent Jack Mannings samt einigen seiner Mitarbeiter aus London herüber. Unter der

Regie des renommierten Ermittlers, dessen Erscheinung stark an *Derrick*-Darsteller Horst Tappert erinnert, wird ein genaueres Profil des gesuchten Täters erstellt: knapp 1,68 Meter groß, Anfang bis Mitte vierzig, schmaler Oberlippenbart, leise Stimme und auffälliger irischer Akzent; trägt Schirmmütze, einen muffigen Mantel bzw. eine muffige Jacke sowie Handschuhe und hat stets Zigaretten, eine Taschenlampe und auch ein festes Seil dabei; damit fesselt er seine Opfer immer auf die gleiche Weise.

Außerdem fordert Mannings, dass alle rechtschaffenen Bürgerinnen und Bürger der Insel sich von jetzt an »in Detektive verwandeln« sollen, um den gesuchten Serientäter endlich zu stellen. Tausende werden als vermeintliche Zeugen oder Verdächtige verhört, alle jemals Vorbestraften überprüft. Als man bei einem der Fälle Spuren feststellt, wird auch eine große Aktion gestartet: Alle Menschen auf der Insel sollen freiwillig ihren Fingerabdruck bei der Polizei abgeben. Die Beteiligung ist so überwältigend, dass irgendwann nur noch dreizehn Unwillige übrig bleiben, und als man auf sie eingeht, sind es am Ende fünf. Jeder von ihnen ist erst mal verdächtig, aber weiter kommt man trotzdem nicht.

Die flächendeckende Fahndung bewirkt zumindest, dass der Gesuchte zwei Jahre lang Ruhe gibt. Darüber hinaus führt sie aber zu keinem Ermittlungserfolg –

und im April 1963 schlägt das Phantom wieder zu. Diesmal trifft es einen neunjährigen Jungen aus der zentral gelegenen Gemeinde St. Saviour. Es folgen drei weitere Attacken, danach ist wieder Pause. Bis im Sommer 1966 das anonyme Schreiben eintrifft, gefolgt von dem brutalen Übergriff auf das fünfzehnjährige Mädchen. Das ist in der Summe eine Herausforderung: Hier meldet sich ein seit Jahren gesuchter Serientäter bei seinen Verfolgern zurück. Er will das böse Spiel weiterspielen, *catch me if you can,* und ist sich seiner Sache so sicher, dass er bewusst eine Spur hinterlässt. Nichts anderes bedeutet es ja, wenn einer die Probe seiner Handschrift direkt bei der Polizei einreicht.

Die Ermittelnden dürfen nun von dem Typ eines notorischen Täters ausgehen, der sich allen anderen überlegen wähnt und ihnen gegenüber Macht demonstriert. Es sind Merkmale, die insbesondere auf den klassischen Psychopathen hinweisen – eine dissoziale und schwer gestörte, aber oft auch sehr clevere, wenn nicht intelligente Persönlichkeit, die sich am Selbstbild des nicht greifbaren Vollstreckers berauscht. Ein Leitwolf unter lauter Schafen, König und Richter mit unbegrenzten Befugnissen in seinem eigenen Reich. Ohne weitere konkrete Anhaltspunkte hat die Polizei allerdings sehr wenig von diesem ersten Ansatz eines Profils – und ihr Fahndungsdruck nimmt weiter zu. So dauert es auch nicht lange, bis im Laufe der massiv verstärkten Befragungen die Personalie eines ersten Verdächtigen die Runde macht. Sie ist, wie manch anderes Geheimnis in der überschaubaren Inselgesellschaft, einfach so durchgesickert.

Alphonse Le Gastelois entspricht in mehrerlei Hinsicht den allgemeinen Vorstellungen von einem, dem man so etwas zutraut. Der verschrobene Einzelgänger arbeitet manchmal als Farmhelfer, manchmal als Fischer auf der Insel und streunt häufig in einem abgenutzten, mit einer Kordel zusammengehaltenen Regenmantel bis in den späten Abend hinein durch die Straßen. Das stimmt mit der Beschreibung des Serientäters in etwa überein. Außerdem hält er sich aus allem gesellschaftlichen Leben bewusst heraus. So einer kam einem immer schon verdächtig vor, heißt es nun auf den Straßen wie in den Pubs, in den Cafés und in den Läden. Überall dort, wo Jerseys Bürgerinnen und Bürger in diesen unheimlichen Tagen zusammentreffen.

Die Ermittelnden kommen zwar nicht umhin, Alphonse nach vierzehn Stunden Verhör mangels eindeutiger Anhaltspunkte wieder freizulassen. Aber was heißt schon frei, wenn die Öffentlichkeit durch eine Indiskretion plötzlich von einem Namen erfährt, der sich einem bekannten Gesicht, einer bekannten Adresse zuordnen lässt? Man wird den Außenseiter von Stund an im Auge behalten und genau beobachten, wie oft ihn die Polizei noch besucht – zwölfmal in einem Jahr, wie er selbst festhalten wird. Darüber hinaus weiß man ihn auch mit argwöhnischen Blicken abzustrafen, solange sich kein anderer Täter findet, und die Straßenseite zu wechseln, wann immer er einem entgegenkommt. Doch dabei bleibt es nicht. Eines Tages brennt auch die improvisierte Hütte von Monsieur Le Gastelois nieder. Da werden Menschen, die sich bedroht fühlen, auf einmal zu Vollstreckern von eigenen Gnaden. Als wäre es ein Theaterstück von Max Frisch – zum Beispiel *Andorra*.

Den Verlust seiner Unterkunft nimmt der Mann mit dem wild wuchernden Vollbart zum Anlass, das Feld zu räumen. Auf La Marmotière, einer der winzigen, wenige Meilen entfernten Inseln nordöstlich von Jersey, zieht er sich für die nächsten vierzehn Jahre in eine aufgegebene Fischerhütte zurück. Er lebt dort unter spartanischen Verhältnissen von den wenigen Reparaturaufträgen, die er von Schiffseignern erhält, und ernährt sich von Seetang, Möweneiern, frei laufenden Hasen und Hummern. Es ist eine einsame Existenz in jener Art Verbannung, die in vergangenen Zeiten oft das Strafmaß für ein kriminelles Vergehen war. Eine englische Zeitung, die ihn später mal dort auftreibt, wird ihren Bericht mit der breiten Schlagzeile »The Loneliest Man in the World« betiteln: der einsamste Mann auf der Welt.

Schließlich aber braucht es bloß einen denkwürdigen Abend im Sommer 1971, bis man auf Jersey auf den wirklichen Täter hinter der Gewaltserie stößt – vierzehn Jahre nach dem ersten Überfall.

Es beginnt mit einem Morris 1100, der zwei Polizisten in St. Helier in der letzten Viertelstunde des 10. Juli auffällt. Der Wagen brettert mit viel zu viel Tempo an ihnen und einer roten Ampel vorbei. Als die Uniformierten darauf die Verfolgung aufnehmen, entspinnt sich ein aberwitziges Rennen. An dessen Ende ist der Morris in eine Hecke gerauscht und sein Fahrer, der anschließend zu Fuß flüchten wollte, im Rugby-Griff abgeführt. Das ist für sich allein noch keine Sensation im Dienstprotokoll. Aber natürlich werden der Verkehrsrowdy und sein Auto auf der Wache gründlich untersucht, und dabei kommen merkwürdige Sachen zum Vorschein.

Der alte blaue Regenmantel des Festgenommenen stinkt zur Hölle. An seinen Schultern und am Revers ragen spitze Nägel heraus. Das helfe ihm, sich vor Angriffen zu schützen, erklärt er. In den Taschen finden sich Schnurseile, leere Zigarettenpackungen und eine mit schwarzem Plastikband überklebte Taschenlampe, die nur schwach zur Seite abstrahlen kann. Außerdem werden im Futter des Mantels noch eine Perücke mit schwarzen, punkig abstehenden Haaren und eine Gesichtsmaske im Horror-Look entdeckt, wie man sie allenfalls zu Karneval sieht. Sie machen den Teil jener

Aufmachung aus, an die sich fast alle Opfer des »Beast of Jersey« erinnern konnten.

So bleibt den Uniformierten nur noch, die Identität des Mannes, der offenbar gerade neue Beute erlegen wollte, festzustellen, ihn vorläufig festzusetzen sowie zu verhören – und dabei schnell zu begreifen, was für ein dicker Fisch ihnen da in die Reusen gegangen ist. *Catch me if you can* ist ab sofort vorbei.

Edward John Louis Paisnel, Jahrgang 1925, ist bis zu diesem Moment nur ein einziges Mal auffällig geworden. Das war gegen Kriegsende während der deutschen Besatzung, als er Lebensmittel für arme Familien stahl und dafür einen Monat in Haft kam. Seither hat sich der gelernte Polier als selbstständiger Bauunternehmer einen tadellosen Ruf aufgebaut. Seine Frau Joan ist für ihre soziale Ader und die Gründung eines Waisenheims in der Gemeinde St. Martin bekannt. Hier wurde der freundliche Mann, der so gern ein paar Süßigkeiten unter die Kinder brachte, bald »Uncle Ted« genannt. Aber nicht nur das: Mehrere Male schlüpfte er vor Weihnachten in ein Santa-Claus-Kostüm, um in dieser Aufmachung die Waisenkinder zu beschenken. Rührender kann ein Einsatz für die Bedürftigsten auf Jersey gar nicht sein.

Ob diese Auftritte Paisnel vielleicht auf die Idee gebracht haben, sich auch für eine andere Seite seiner Persönlichkeit ein Kostüm, ja eine komplette Figur zuzulegen? Von ihm selbst ist dazu weder in den polizeilichen Verhören noch später vor Gericht etwas zu erfahren. Tatsache ist dagegen, dass er sich bald nach der Geburt einer gemeinsamen Tochter zunehmend von Joan distanziert. Die Ehe wird aufrechterhalten, aber kaum gelebt – wie es hinter so vielen Türen zugeht in einer Gesellschaft, die sich auf die Erfüllung äußerer Formen fixiert.

Irgendwann hat sich der untersetzte Mann im gemeinsamen Haus, dem *Maison du Soleil*, eine separate Wohnung eingerichtet. Dort übernachtet er, und dort gibt es auch einen roten Vorhang, der den Eingang in eine versteckte Kammer voll geheimer, mit niemandem geteilter Dinge verbirgt. Dinge, die jetzt von der Polizei untersucht werden.

Ein Mantel aus Wildleder. Selbst gefertigte Perücken. Falsche Augenbrauen. Ein kleiner, selbst gezimmerter Altar. Ein hölzernes Schwert in einem Kelch und andere Utensilien für okkulte Rituale. Eine kleine Bibliothek mit Büchern zu schwarzer Magie sowie über das Leben und Wirken von Baron Gilles de Rais – einem grausamen Heerführer, überzeugten Alchimisten und Serienmörder aus Westfrankreich. Der blutrünstige Weggefährte von Jeanne d'Arc folterte und tötete im 15. Jahrhundert weit über hundert Kinder, weil es ihm so gefiel. Sein hoher Rang schützte ihn über Jahre hinweg, bis er bei noch Mächtigeren in Ungnade fiel und

1440 schließlich jenseits der Stadttore von Nantes gehängt wurde.

Dieser von seiner Macht pervertierte Fürst der Finsternis ist für den so gewöhnlich wirkenden Mann auf Jersey zu einer Art Leitfigur geworden. Was die meisten von uns abstößt, zieht andere schließlich beinahe unwiderstehlich an. Das ist jedenfalls die Erkenntnis von Kriminologen, Psychologen und Forensikern, die sich im Kontext realer Verbrechen mit Phänomen der schwarzen Magie sowie des Satanismus beschäftigen. Und das heißt vor allem: mit Menschen, die in ihrem Kopf so etwas wie einen teuflischen Auftrag mit sich tragen. Solche Gewalttäter sind mit herkömmlichen, auf Recht und Ethik gründenden Argumenten nicht zu erreichen. In der Gegenwelt, in der sie sich gedanklich eingerichtet haben, zählt das gar nichts.

Man kann also davon ausgehen, dass Edward Paisnel sich mit Gilles de Rais verbunden fühlte, wenn er mit der Akribie eines Bergwanderers oder Vogelbeobachters seine nächste Exkursion projektierte. Mit der Kamera, die ebenfalls in dem Versteck entdeckt wurde, machte er Aufnahmen von den Häusern, in die er einfallen wollte. Dann tüftelte er den besten Weg, die beste Uhrzeit für seine Einbrüche aus. Mit der Perücke, dem stachelbesetzten Mantel und anderen Kostümteilen konnte er ebenso schnell wie anonym in seine zweite Identität wechseln. Sie wurde mit irreführenden Details wie dem aufgesetzten irischen Akzent und den Zigarettenschachteln komplettiert, die ihn als starken Raucher ausweisen sollten.

Paisnel verhielt sich also ähnlich wie ein Schauspieler, der zum Abend in die Rolle von Macbeth schlüpft und auf der Bühne ungestraft grausame Taten verrichtet – nur dass dessen Opfer wieder aufstehen und nachher, in der Theaterkneipe, mit ihm ein Glas Rotwein heben.

Die Überraschung ist dann auch groß in der kleinen Inselgesellschaft: Nicht der sonderbare Einzelgänger, sondern ein geachteter Bürger aus ihrer Mitte, der immer gegrüßt hat und so »*helpful*« war, ist mutmaßlich für die furchtbaren Taten verantwortlich. Kein Monster, sondern ein bisher normal erscheinender Mensch. Das ist ein kollektiver Schock für alle, die sich von der glatten Oberfläche eines Auftritts täuschen lassen – und das trifft letzten Endes auf mehr oder weniger jeden zu. Wer schaut schon genauer hin, solange einer seine Treppe putzt, keinen übermäßigen Lärm im Haus veranstaltet, regelmäßig den Briefkasten leert und kein besonders aggressives Verhalten an den Tag legt?

Man wird diesen Schock 1998 in Hyde, einer Kleinstadt nahe Manchester, ganz ähnlich erleben. Dort wird der Allgemeinarzt Harold Shipman wegen einer Serie von mindestens zweihundertfünfzehn verdeckten Tötungen an seinen betagten Patientinnen und Patienten verhaftet. Es können auch zweihundertfünfzig oder weit mehr gewesen sein. Seine Opfer sind vorwiegend Frauen, aber auch Männer zwischen siebenundvierzig und dreiundneunzig. Der so diskrete Mediziner verabreichte seinen Opfern tödliche Spritzen, sobald sie ihn einmal als Erben eingesetzt hatten, oder fälschte die nötigen Testamente auf seiner Schreibmaschine und stellte dann selbst die Totenscheine aus. Darin hielt er in jedem Fall ein natürliches Ableben als Ursache fest. Obwohl die Mortalitätsrate in seiner Praxis wie in der Kleinstadt insgesamt bereits auffällig nach oben schnellte, konnte »Dr. Death«, so sein Spitzname in den Medien, noch jahrelang in diesem Stil praktizieren. Bis er am Ende eines aufsehenerregenden Indizienprozesses um fünfzehn ausgewählte Fälle zu fünfzehn lebenslangen Haftstrafen verurteilt wurde.

Die Beweislast war so eindeutig, dass alle Unschuldsbeteuerungen vor dem Gericht in Preston grotesk wirkten. Aber eben nur, wenn man es von außen betrachtet. Shipman hielt bis zu seiner depressiven Erkrankung in der Haft sowie dem Freitod Anfang 2004 am Selbstbild eines gewissenhaften Arztes fest, der sich aufopfernd um seine Patientinnen und Patienten gekümmert habe. Darin wurde er von seiner Ehefrau Primrose bedingungslos unterstützt. Das Paar hatte sich zusammen eine Welt aufgebaut, in der Harold einfach gut und segensreich war, und es verteidigte diese Welt gegen alle davon abweichenden Erkenntnisse mit Zähnen und Klauen – auch wenn die Beweise erdrückend waren.

Wie Paisnel lebte Shipman den abgründigen Teil seiner Persönlichkeit hinter einer makellosen Fassade aus. Er funktionierte als redlicher Bürger in Arztkittel, Anzug und Krawatte und wechselte bloß von Zeit zu Zeit in sein Alter Ego – von Dr. Jekyll zu Mr. Hyde. Das gilt auch für Norbert R. *(Name geändert)*, den dreifachen Sexualmörder, der im April 2011 in Norddeutschland festgenommen wurde. Der damals Vierzigjährige war im Zivilleben ein Lehrer für Erwachsenenbildung sowie ein engagierter Betreuer in Ferien- und Freizeitlagern für Kinder und Heranwachsende. Darüber hinaus kümmerte er sich mehrere Jahre – und ohne Übergriffe – um ein Pflegekind. Nachts aber stieg er, mit einer Sturmhaube maskiert, in Zeltlager, Landschulheime und Wohnhäuser ein, um dort Jungen sexuell zu missbrauchen. In einigen Fällen entführte er sie auch. Drei seiner Opfer im Alter von acht, neun und dreizehn Jahren wurden zwischen 1992 und 2001 getötet.

Die Verdeckungstaten sollten verhindern, dass er trotz aller Vorsicht identifiziert und seine sexuellen Neigungen bekannt würden, wie R. gegenüber Polizisten und Richtern schilderte. »Insbesondere fürchtete er die

Ächtung seiner Mutter«, sagte der Vorsitzende Richter laut *NDR* in dem Prozess. »Diese Aufdeckung wollte er mit allen Mitteln verhindern.«

Es brauchte mehrere Jahre, einen ergebnislosen Massen-DNA-Test und insgesamt drei Sokos, je eine in Deutschland, in Frankreich und in den Niederlanden, bis die Ermittler dem so jovial wie empathisch wirkenden Mann auf die Spur kamen. Seine überlebenden Opfer konnten zunächst nur einen »schwarzen Mann« mit Maske und Motorradkleidung beschreiben. Das wirkte bisweilen so, als hätten sie sich ein Phantom erfunden. Dazu brachte es dem Gesuchten den Beinamen »Maskenmann« ein – die Boulevardmedien arbeiten in Niedersachsen nicht anders als auf Jersey. Dabei ist R.s Vorgehen für diese Art von Übergriffen durchaus typisch: Mit dem Pädagogikstudium und den Betreuerjobs, die er später annahm, manövrierte sich R. in das Umfeld seiner Opfer und kundschaftete dort sorgfältig Abläufe sowie Zugänge aus. Dass er das zweite Staatsexamen nie abgelegt, sondern das Zeugnis dafür gefälscht hatte, fiel nirgends auf.

Während ein Teil seiner Persönlichkeit also die Jungen gewissenhaft anleitete und betreute, war ein anderer Teil latent mit der Vorbereitung der nächsten Sexualstraftat beschäftigt. Unterschiedlicher kann ein und derselbe Mensch kaum in zwei Richtungen agieren. Im Unterschied zu seinem Counterpart auf Jersey war der

Maskenmann aus Bremen allerdings kein unbeschriebenes Blatt. Mit siebzehn hatte er seinen Hausarzt und ein anderes Elternpaar vergeblich mit der Drohung zu erpressen versucht, ihre Kinder zu entführen bzw. zu ermorden. Dafür wurde er nach dem Jugendstrafrecht zu gemeinnütziger Arbeit verurteilt. Mit fünfunddreißig musste er sich für zwei minder schwere Fälle von sexuellem Missbrauch verantworten. Das Verfahren wurde eingestellt, R. kam mit einer Geldstrafe davon. Ein Jahr später wurde er wegen erneuter versuchter Erpressung mit zehn Monaten auf Bewährung belegt. Ein zweites Verfahren wegen des Besitzes von Kinderpornografie wurde wegen Verjährung eingestellt.

Die Einträge im Strafregister waren jedoch weder erheblich noch langfristig genug, um ihn von pädagogischer Beschäftigung abzuhalten. In den beiden Missbrauchsfällen waren die Akten von der Justizbehörde später sogar versehentlich vernichtet worden. So konnte Norbert R. immer wieder durch die Maschen schlüpfen: durchgewinkt von Kolleginnen und Kollegen und Behörden, die nicht so genau hinsahen. Bis sich irgendwann eines seiner rund vierzig Opfer an den Betreuer einer weit zurückliegenden Schulfreizeit erinnerte: Der hatte ihm seinerzeit merkwürdige Fragen zu seiner Wohnsituation gestellt und war 1995 tatsächlich in das Elternhaus eingedrungen, um sich an ihm zu vergehen. Diese Information zusammen mit mehreren

Zeugenaussagen brachte die Ermittelnden schließlich auf die richtige Spur.

R. hatte über zwei Jahrzehnte hinweg ein Doppelleben geführt, er war gleichzeitig ein Kümmerer, ein Kinderschänder und ein Killer. Die Gutachter attestierten ihm zum Prozess vor dem Landgericht Stade Anfang 2012 eine schwere pädophile Störung, ohne die genauere Ursache dafür eruieren zu können. Außerdem stuften sie ihn als rückfallgefährdet ein. Die Schilderungen mehrerer misshandelter Opfer sollten »blankes Entsetzen im Gerichtssaal« auslösen, wie der Prozessbeobachter von *Spiegel Online* formulierte. Oberstaatsanwalt Kiers fand die Inhalte der Anklageschrift »einfach so schrecklich, dass einem die Worte fehlen«. Feststellungen, die der Angeklagte ohne erkennbare Regung über sich ergehen ließ. Erst am letzten Verhandlungstag ließ er sich auf das Ausmaß seiner Schuld ein: »Ich glaube, dass meine Taten kaum entschuldbar sind.«

Es ist müßig, darüber zu spekulieren, wie viel Einsicht und Reue hier echt oder gespielt sein könnten. Das manipulative Talent, sich ganz auf die Erwartungen anderer einzustellen, ist bei Tätern mit solch einem Profil oft sehr ausgeprägt. In diesem Fall aber war der Schuldspruch so oder so nicht zu verhindern. Norbert R. wurde im Februar 2012 wegen dreifachen Mordes zu lebenslanger Haft mit anschließender Sicherungsverwahrung verurteilt. Man sprach von einer »schweren seelischen Abartigkeit« sowie besonders verwerflichen Taten und stellte die besondere Schwere der Schuld fest. Die Sicherungsverwahrung wurde vom Bundesgerichtshof später auf Antrag der Verteidigung wieder einkassiert. Dennoch ist es unwahrscheinlich, so heißt es, dass R. jemals wieder in die Freiheit entlassen wird.

R. gehörte zu den wenigen, die sich dem Massen-DNA-Test der Soko Dennis verweigerten – und auch das hat er mit Edward Paisnel gemein. Der Maskenmann von Jersey war einer von nur fünf Insulanern, die seinerzeit keine Fingerabdrücke zur Ermittlung des gesuchten Serientäters abgaben. Das gehörte zwar zu seinen verbrieften Bürgerrechten, hätte die Aufmerksamkeit der Ermittelnden aber viel früher auf ihn lenken können. Dann wäre das eine oder andere Verbrechen im Zweifel nicht geschehen.

Der Prozess gegen Paisnel ist das Großereignis auf der Kanalinsel. Reporterinnen und Reporter aus dem gesamten Vereinten Königreich werden im November 1971 Zeugen, als der inzwischen Sechsundvierzigjährige sich vor dem Royal Court wegen dreizehn Fällen von gewaltsamen Überfällen, Vergewaltigung und Sodomie verantworten soll. Es ist ein Verfahren der Sorte »*to cut a long story short*«: Eigentlich wären da über zwanzig Fälle aufzuklären, aber die Justiz verzichtet schon mal auf Vollständigkeit – vor allem, wenn das zu erwartende

Strafmaß die Lebensspanne des Angeklagten voraussichtlich bei Weitem übersteigt. Da bleiben die Erwartungen von Angehörigen mancher Opfer einfach auf der Strecke.

Die Geschworenen haben bei einem Ortstermin eigens das hinter dem Vorhang versteckte Zimmer im Haus des Angeklagten besichtigt. Sie erleben nun, wie dieser entweder Flüche und okkulte Formeln ausstößt oder *»prove it!«* bellt, sobald seine Taten zur Sprache kommen. Das ganze Spektakel dauert kaum vierzig Minuten, dann wird Paisnel schuldig gesprochen. Knapp zwei Wochen darauf ergeht das Strafmaß: dreißig Jahre Haft.

Zurück bleibt eine Frau unter Rechtfertigungsdruck. Joan Paisnel beteuert seit der Verhaftung ihres zweiten Mannes unermüdlich, dass sie von dessen Abgründen absolut nichts mitbekommen habe. Sie gehörten zur Nachtausgabe von Ted, die ihr völlig verborgen blieb. Aber es gibt etliche Personen, die ihr das nicht abkaufen. Wer kann oder mag sich schon vorstellen, dass ein Mensch solch verschiedene Anteile in seiner Persönlichkeit vereinen kann – und es auch noch schafft, diese über zehn, zwölf Jahre vor seiner Partnerin zu verbergen?

Es kommt daher nicht von ungefähr, dass sich die in London geborene Tochter eines Taxifahrers bald nach der Verhaftung von Edward Paisnel für eine Exklusivstory im *Sunday Mirror* interviewen lässt. Das Foto auf der Titelseite zeigt sie in einem weißen Ballettkleid. Gleich daneben das Polizeifoto von Teds Ledermaske. Darüber in dicken Lettern: »The Beauty and the Beast«. In dem Artikel kann sich Joan Paisnel als die tapfere Hausfrau, Mutter und Tanzlehrerin von nebenan präsentieren, eben genau so, wie man sie auf Jersey auch wegen ihres Engagements fürs Waisenheim schätzt. Nicht zuletzt kann sie erklären, wie sie durch das zweite, völlig geheime Leben von Ted urplötzlich selbst in Bedrängnis geraten ist. Dieser hat ihr außer einem deutlich überzogenen Bankkonto herzlich wenig hinterlassen. Sie muss sich nun allein durchschlagen, so gut es eben geht.

Auch darum kommt ihr das Angebot eines Verlages, mithilfe von Ghostwritern ein Buch über den Fall zu schreiben, gerade recht. In *The Beast of Jersey* schildert Joan Paisnel, wie sie Edward als vielseitigen Handwerker kennenlernte, der Arbeiten im Waisenheim übernahm und sich dafür nur die Materialkosten erstatten ließ. Ein interessierter und belesener, wenn auch etwas eigenbrötlerischer Mann, dessen Familie einiges an Land besaß. »Er schien nach so vielem zu streben und hatte doch so wenig«, heißt es da. Das löste bei ihr offenbar Schutzinstinkte aus: »Ich dachte, dass er in der Vergangenheit genug gelitten hatte und am meisten Sympathie und Verständnis brauchte. Wenn ich ihm nicht länger Liebe geben konnte, so könnte ich wenigstens das für ihn erhalten.«

Erst später bekam sie auch andere Facetten von Ted mit: die manisch-depressiven Stimmungsschwankungen, die Wutanfälle, die Verstellungen und Lügen. Dieser Mann war auch »ein ausgezeichneter Darsteller« mit einem »ausgeprägten theatralischen Element in seiner Persönlichkeit«, der mal er selbst und mal ein anderer sein konnte. So habe es ihn etwa wochenlang glücklich und stolz gemacht, sich nach einer Rasur des Schädels wie der amerikanische Darsteller Yul Brynner zu fühlen. Genauso trug er aber auch für eine Weile ohne medizinischen Anlass eine schwarze Augenklappe, nachdem er John Wayne in dem Film *True Grit* (deutscher Titel: *Der Marshal*) gesehen hatte. Oder erfand sich ein Talent fürs Gitarrespielen, das er in Wales erlernt haben wollte – bis er von seiner Frau eine Gitarre geschenkt bekam. Da stellte sich heraus, dass er nicht einen Akkord zustande bekam.

Immer ein anderer, ständig in neuen Rollen, schnell wechselnde Stimmungen mit depressiven Schüben: Das alles und mehr beschreibt Joan Paisnel recht genau. Die richtigen Schlussfolgerungen daraus zu ziehen gelingt ihr trotzdem nicht. Da kein psychologisches Gutachten zum Prozess erstellt wurde, lässt sich auch kein genaues psychologisches Profil des Serienmörders erstellen. Alle erwähnten Merkmale weisen jedoch eindeutig auf eine Persönlichkeitsstörung mit pathologischen Zügen hin. Anders gesagt: Hier zeichnet eine arglose Frau, ohne es recht zu wissen, das Bild eines verkappten Psychopathen. Der ist im Laufe einer Ehe, die nur der Form nach aufrechterhalten wurde, immer mehr abgedriftet – gefüttert durch Bücher über Esoterik und schwarze Magie, die ihn schnell so erobert haben wie einst John Wayne.

Hat Joan Paisnel also alle Warnsignale übersehen? Wenn ja, dann nicht mit Absicht, wie sie selbst resümiert: »Hätte ich je innegehalten, um auf einem Stück Papier alle skurrilen Eigenheiten von Teds Charakter aufzuschreiben; hätte ich all das mit seinen verschiedenen Aktivitäten, also damit, dass er nachts oft nicht zu Hause war und in der Gegend herumstreifte, kombiniert; hätte ich das alles zusammen und beizeiten unter die Lupe genommen, dann wäre mir vielleicht manches klar geworden. Aber das hieße, außer Acht zu lassen, dass man sein Leben so nicht führt. Tagein, tagaus läuft alles nach einem bestimmten Schema ab, ist bis zu einem gewissen Grad Routine und gleichförmig …«

Nach allem, was man weiß, hat Edward Paisnel während seiner Haft in englischen Anstalten keine nennenswerte therapeutische Behandlung erfahren. Wegen einwandfreier Führung kommt er 1991, zwanzig Jahre nach dem Urteil, dennoch wieder nach Jersey zurück, um sein Leben fortzusetzen. Dort aber geht es ihm ähnlich wie Alphonse Le Gastelois, der ursprünglich verdächtigt worden ist: Er wird von Stund an gemieden und angefeindet. Wer nach dem Gesetz als rehabilitiert gilt, ist es gesellschaftlich eben noch lange nicht. Also zieht Paisnel auf eine andere Insel vor der englischen Südküste, die Isle of Wight. Dort stirbt er 1994 an einem Herzinfarkt.

Und Alphonse Le Gastelois? Der Einsiedler von La Marmotière bleibt zunächst auch nach Paisnels Verurteilung freiwillig weiter im Exil. Es ist für ihn »das Paradies, verglichen mit dem, was ich durchgemacht habe«, wie er einem Reporter sagt. Sein Versuch, sich nach einem tausend Jahre alten normannischen Recht zum König des Riffs ausrufen zu lassen, bleibt 1971 erfolglos. Vier Jahre später kehrt der Mann mit dem mächtigen Schnäuzer nach Jersey zurück, um in St. Helier ein langes, bescheidenes Leben in engsten Verhältnissen zu führen. Eine Initiative, ihn für alle Anfeindungen mit 20 000 Pfund zu entschädigen, wird von den Behörden abgeschmettert. Alphonse stirbt 2012 mit siebenundneunzig Jahren. Zu seinem hundertsten Geburtstag wird im Oktober 2014 im Jersey Opera House ein Theaterstück über sein Leben aufgeführt. Es heißt »The Life and Death of a King«.

Die Beifahrerin

Im Südwesten von Wien kennt so gut wie jeder die Oswaldgasse, sie gehört zu einem halbwegs gepflegten Grätzl im 12. Bezirk. Doch wer außer den ganz Frommen weiß schon etwas über das Leben ihres Namensgebers? Der einstige König im wiedervereinten, angelsächsischen Reich Northumbria sorgte dafür, dass sich in Englands Norden zum 7. Jahrhundert das Christentum entscheidend ausbreiten konnte. Seine großzügigen Landschenkungen ermöglichten die Gründung zahlreicher Klöster bis hinauf ins heutige Schottland. Dafür wurde Oswald später als Märtyrer und Heiliger verehrt. Bis heute ist er Schutzpatron der englischen Könige, der Schnitter und des Viehs. Sein grausames Ende kam am 5. August 642, als er die entscheidende Schlacht von Maserfield gegen den heidnischen König Penda von Mercia verlor – und auch sein Leben. Die Sieger zerstückelten seinen Leichnam zum Zeichen ihres Triumphs und präsentierten die Teile auf Pfählen.

Nachdem diese später an verschiedenen Orten anlangten, wurden sie dort als Reliquien aufbewahrt.

Es sind eben raue, archaische Zeiten gewesen, zweifellos. Aber welche Rage, welche Spielart menschlicher Gewalt wäre denn im heutigen Europa jemals überwunden? Im 12. Bezirk können sich wohl alle daran erinnern, wie Anfang Juni 2011 in der Oswaldgasse plötzlich Alarm geschlagen wird. Er kommt aus dem Keller im Eckhaus mit der Hausnummer 1, in dem einer der Mieter gerade mit den Folgen eines Rohrbruchs kämpft. Der kleine Zwischenfall hat die gesamte Tiefetage unter Wasser gesetzt. Also auch Abteil Nr. 6, das so recht niemandem zuzuordnen ist. Darum holt sich der Mieter Handwerker, die das Schloss knacken. Als dann endlich die Tür aufgeht, starren die Männer auf mehrere zubetonierte Tiefkühltruhen, Mörtelwannen und Blumentöpfe in verschiedenen Größen. Was so alles im Keller ausgelagert wird, um es von nun an einfach zu vergessen.

Nur dass auf dem Boden des modrigen Abteils eine Beretta-Pistole liegt. Außerdem ragt aus einem der Tröge ein menschlicher Unterschenkel. Das gibt es nicht alle Tage. Und wer dichtet seine alten Eisschränke schon luftdicht mit Zement ab?

Die bald eingeschaltete Polizei stößt an diesem Montag, den 6. Juni, bei den ersten Untersuchungen schnell auf weitere Leichenteile. Von da an dauert es nicht mehr lang, bis sich erste Gerüchte in der Nachbarschaft verbreiten. Sie kriechen die Treppen und Rohre hinauf, durch alle Wände, Türen und Etagen hindurch, bis sie am folgenden Tag durch den Eissalon Schleckeria im Erdgeschoss wehen. Dort liefert der Mieter, der den Keller ausmisten wollte, die Geschichte seiner Entdeckung bei der erstbesten Bedienung ab – gerade so laut, dass die Geschäftsführerin Estibaliz C. das noch mitbekommt. Ob das nun mit Absicht geschah oder aus Versehen: Jedenfalls wird es der Startschuss für ein abenteuerliches Wettrennen zwischen der zweiunddreißigjährigen Geschäftsfrau und ungezählten Einsatzkräften der Wiener Polizei.

Die fleißige, umgängliche Frau, die man hier einfach Esti nennt, handelt sehr schnell. Sie schickt eine Servicekraft los, ihren Reisepass aus der Wohnung zu holen, bucht einen Flug nach Paris und eilt, nachdem sie unterwegs zehntausend Euro vom Konto abgehoben sowie ein Bankschließfach geräumt hat, per Taxi zum Flughafen.

Statt zum Terminal zu gehen, stiehlt sie sich jedoch wieder davon – offenbar meldet ihr sechster Sinn, dass ihr dort schon etliche Beamte in Zivil auflauern. Am Busbahnhof winkt sie ein zweites Taxi heran, mit dem sie quer durch Österreich und schließlich über die Grenze nach Italien fährt. Die Fahrt endet an einer Pension in Tolmezzo, einer Kleinstadt in den Höhen des

Friaul. Das Taxameter zeigt knapp vierhundertfünfzig Kilometer an.

Aufzugeben, sich zu stellen ist für die Flüchtige keine Option. Sie will im Zweifel lieber für eine weite Tour bezahlen als für zwei Straftaten, die auf ihr Konto gehen. Die Laboranalysen der Leichenteile weisen bald zweifelsfrei auf Udo M. *(Name verändert)* hin – ihren früheren Ehemann aus Deutschland, der auch Mitinhaber der Eisdiele gewesen ist. Er ist Ende April 2008 gleichsam über Nacht aus der gemeinsamen Wohnung im selben Haus verschwunden. Wer bei ihr nachfragte, hörte von einer Sekte, der sich der Ehemann angeblich anschließen wollte. Dazu kommt ein abgetrennter Kopf, der eventuell von Jürgen S. *(Name verändert)* ist – dem österreichischen Nachfolger in jeder Hinsicht, der seit November 2010 vermisst wird. Für dessen Verschwinden hatte Estibaliz C. selbst keine Erklärung. Sie gab nur an, Tage später eine Vermisstenanzeige bei der Polizei aufgegeben zu haben. Doch weder in dem einen noch im anderen Fall ergab sich jemals ein neuer Stand.

Als es kurz nach Udo M.s Verschwinden ganz übel aus der Wohnung und dann auch aus dem Kellerabteil der gebürtigen Mexikanerin roch, kamen einige im Haus auf allerlei düstere Fantasien. Andere weigerten sich prinzipiell, der hübschen, zierlichen Frau mit dem fast kindlichen Augenaufschlag irgendein vorsätzliches Verbrechen, gar eine Gewalttat zuzutrauen. Ihr Auftritt war immer tadellos, freundlich und verbindlich, das Eis stets famos. Welcher bösartige Mensch bringt so etwas zustande? Warum sollte so eine Frau ihre Männer und Partner ermorden, wenn sie sich doch auf ganz legale Weise von ihnen trennen könnte?

Durch ihre rasante Flucht sendet Esti aber nun eine ganz andere Botschaft aus, und als die Nachricht davon die Runde macht, wollen es natürlich so gut wie alle im Grätzl längst geahnt haben: Mit der Esti stimmt irgendetwas nicht, die hat bloß immer so freundlich getan. Ein scheinheiliges Frauenzimmer!

Das auffällige Talent, andere als Helfer für sich einzunehmen, kommt der Frau mit den großen Rehaugen auch im Friaul zugute. Von Tolmezzo, wo sie unter falschem Namen in einer Pension eingecheckt hat, reist sie am Tag darauf weiter nach Udine. Dort findet sie binnen Stunden den nächsten Kavalier. Romeo *(Name geändert)* ist Straßenkünstler; er bringt Esti in seiner kleinen Wohnung unter, weil sie ihn um Hilfe bittet – und vielleicht auch aus eigenem Interesse. Ihre ausgeprägte Neugier auf Nachrichten zu den »Eisdielen-Morden«, wie sie im Internet schnell genannt werden, kommt Romeo allerdings merkwürdig vor. Immer wieder will sie den neuesten Stand erfahren. Außerdem äußert sie mehrfach Selbstmordabsichten. Das ist in der Summe mehr, als er aushalten will und kann. Darum schaltet er schließlich die Polizei ein.

Als die Carabinieri am Freitagmorgen eintreffen, lässt sich die Verdächtige widerstandslos festnehmen, und schon bei den ersten Vernehmungen legt sie ein weitreichendes Geständnis ab. Mit der Bekanntgabe durch die Polizei werden dessen Inhalte von den Agenturen in alle Winkel Europas gestreut. Sie ergeben ab Samstag schaurig-schöne Schlagzeilen. »Eis-Baronin verrät grausige Details zu den Morden«, titelt die *Kronen Zeitung*, die in den Wiener Gassen meinungsbildend ist. Die englische *Sun* tauft sie schnell als »Ice cream killer«. Andere Blätter melden einen »eiskalten Engel«. Das war in etwa vorauszusehen.

Estibaliz C. gibt im Verhör zu Protokoll, dass sie den von ihr geschiedenen Udo M. am Abend des 27. April 2008 durch drei Kopfschüsse aus nächster Nähe getötet hat, als dieser am PC saß. Sie benutzte dafür die Beretta Kaliber .22 aus dem Besitz des erklärten Waffenfans. Nachdem der Versuch, seine Leiche zu verbrennen, gescheitert sei, habe sie diese mit einer Kettensäge zerkleinert und die verpackten Teile in einer nicht angeschlossenen Kühltruhe im Keller versteckt. Ähnlich habe sie in der Nacht vom 21. auf den 22. November 2010 den schlafenden Jürgen S. mit vier Schüssen aus kurzer Distanz getötet. Auch seine Leiche wurde vielfach zerstückelt; die Teile wurden anschließend in mehrere Tröge einzementiert.

Die Bluttaten sollen die Revanche für fortgesetzte

Drangsalierung und Misshandlung durch beide Lebensgefährten gewesen sein. So macht es die Verhaftete vor der Polizei wie gegenüber dem Schwurgericht in Triest geltend, das schließlich die Auslieferung an Österreich beschließt. Hier wie dort ist sie von dominanten Männern erniedrigt und geschlagen, bevormundet und um ihr ohnehin geringes Selbstwertgefühl gebracht worden. Von Jürgen S. wurde sie wohl auch wiederholt betrogen. Aus eigener Kraft kam sie von den Männern aber nicht wirklich los. So verblieb Udo M. selbst nach vollzogener Scheidung noch in der gemeinsamen Wohnung in Wien, ohne sich groß um den Eissalon zu kümmern. Das fühlte sich für sie mit zunehmender Zeit so an, »als ob Sie ein Plastiksackerl über dem Kopf haben«, wie Estibaliz vor Gericht noch erklären wird.

»Ich dachte, ich krieg mein Leben nie mehr zurück«, schildert sie ihren Zustand einmal. Und: »In dem Moment müssen Sie einfach raus.«

Die Selbstauskünfte deuten auf den Typ einer Beziehungstäterin hin, die aus einer ausweglosen Situation heraus vom Opfer zur Akteurin wird: Mit dem Mord (oder dem Totschlag) wird der sofortige Ausstieg aus einem meist längeren Prozess des Leidens in einer Beziehung gesucht. Der erscheint irgendwann als einzige Möglichkeit – gerade für eine eher schwache Persönlichkeit, die sich oft nicht recht artikulieren oder behaupten kann und so in eine Zwangslage geraten ist.

Dabei spielt es keine Rolle, ob die Ausweglosigkeit der Situation objektiv gegeben oder nur eingebildet ist. Entscheidend ist, wie die Lage im Kopf der Täterin (oder des Täters) wahrgenommen wird. Von diesem erstaunlichen, mitunter weit entrückten Ort geht jedes Verbrechen aus.

So ein Tätertypus kann in aller Regel mit Bedauern und einer gewissen Milde im öffentlichen Urteil rechnen, insbesondere wenn es sich um eine Frau handelt. Auch vor Gericht wirkt sich das strafmildernd aus. Die aufgestaute Aggression und die daraus resultierende kriminelle Energie erscheinen zumindest irgendwo nachvollziehbar – hier begehrt ein physisch (und oft auch sozial) unterlegener Mensch in völlig unkontrollierter, oft spontaner Weise auf. Ihm platzt der Kragen. Im Fall der Frau, die italienische Polizisten zweieinhalb Wochen nach der Verhaftung an Österreich überstellen, werden jedoch zu schnell zu viele Details bekannt, die auf ein sehr kalkuliertes Verhalten schließen lassen. Dazu schockt das Ausmaß der Gewalt, die bei den Morden und erst recht bei ihrer Verdeckung im Spiel gewesen ist. Ein so brachiales Vorgehen ist nach allgemeiner Lesart Männern vorbehalten. Wer an diesem Privileg rüttelt, bekommt es mit der öffentlichen Meinung zu tun: Sie entzieht der Täterin in aller Regel das Mitgefühl.

Estibaliz C. hat ihre Opfer planmäßig exekutiert

und die Leichen mit hohem, um nicht zu sagen horrendem Aufwand entsorgt. Sie hat sich, wie sie selbst erzählt, eigens die Handhabung einer Kettensäge erklären lassen, um die Toten zu zerteilen, und vor dem zweiten Mord an einem Schießstand geübt. Außerdem legte sie in dem Fall zuvor noch eine Folie im Wohnzimmer aus, um Teppich und Möbel vor Blut- und Gewebespritzern zu schützen. Sie verhielt sich wie eine Einsteigerin, die im neuen, fremden Metier einfach besser, professioneller werden will. Und sie wartete ab, bis ihr Opfer in der gemeinsamen Wohnung in den Schlaf gefallen war. Später hat sie sich jeweils eine Erzählung für das plötzliche Verschwinden der beiden Männer ausgedacht und ihr Leben als die freundliche Geschäftsfrau von nebenan einfach fortgesetzt – im Erdgeschoss das Eis, im Keller die verpackten Leichenteile. Den strengen Geruch hat sie erst mit Katzenstreu, dann durch Einbetonieren der Leichen weitgehend neutralisiert.

Da ist etwas mit großer Beherrschung durchgespielt und ausgeführt worden, ohne erkennbare Skrupel. So springen einen Etiketten wie die von der kühlen oder eiskalten Mörderin förmlich an. Dazu kommt, dass Estibaliz trotz aller Unterwürfigkeit, die im Prozess sehr deutlich wird, mitunter durchaus eigene Entscheidungen trifft. Sie hat die Beziehung mit Udo M. schon längere Zeit vor dessen Ermordung beendet; nur schaffte sie es nicht, ihn aus Geschäft und Wohnung herauszuhalten. Die Beziehung zu Jürgen S. wird zu der Zeit bereits angebahnt. Dessen Überreste wiederum sind zweieinhalb Jahre darauf kaum verstaut, als mit Ingo S. *(Name geändert)*, einem gutmütigen Mitvierziger, ein neuer Mann auf der Bildfläche erscheint. Er ist der nächste Fluchthelfer für die Frau, die in einem Loop aus Projektionen und Enttäuschungen steckt und keine Lernkurve, keine Selbstreflexion kennt. Ihre Partner werden wie Akteure gecastet und irgendwann ausgetauscht, wenn sie nicht so spielen, wie Esti sich das vorstellt. Dazu gehört für sie unbedingt auch, Kinder zu haben. Ein Wunsch, den ihr weder Udo noch Jürgen erfüllen wollten. Vor dem Hintergrund ist es fast eine Ironie des Schicksals, dass sich die Geflüchtete bei der ärztlichen Untersuchung nach ihrer Verhaftung in Norditalien als schwanger im zweiten Monat erweist (sie selbst hat davon bereits Ende Mai gewusst). Weshalb man sie umgehend aus dem Gefängnis in ein Krankenhaus verlegt.

Das ist mehr Wechsel und eigener Wille, als die landläufige Vorstellung von einer hilflosen Frau vertragen kann. So herrscht im 12. Wiener Bezirk wie in Europas Boulevardblättern bald das Bild einer scheinbar Harmlosen vor, die es in Wahrheit faustdick hinter den Ohren hat. Eines koketten, abgrundtiefen Scheusals, das nur auf unschuldig macht, um seine dunkle Seele zu verbergen. Es ist das alte Lied des so verführerischen wie betrügerischen Weibes, das Unheil über die Männer bringt – ähnlich den Sirenen, die im griechischen Mythos die Seefahrer durch ihren betörenden Gesang anlocken, um sie schließlich zu töten.

Rechtsanwälte gehen noch im Sommer erfolgreich gegen eine Zeitung vor, in der die Inhaftierte als »Todeshexe« diffamiert wird und von »Metzgerarbeiten« an den Ermordeten die Rede ist. Sie erstreiten für ihre Mandantin auch eine Entschädigung. Dennoch werden immer wieder krude Details aus den Vernehmungen öffentlich. So soll die Inhaftierte zu Protokoll gegeben haben, dass »etwas Böses ... wieder einmal die Kontrolle über mich ergriffen« habe. Und dass sie sich von ahnungslosen Freunden dabei helfen ließ, die Leiche von Udo M. in den Keller zu schaffen: »Ich konnte Udo nicht tragen, er war doch so schwer.«

Die kindlich-naiven Einlassungen zu den furchtbaren Taten bilden einen Gegensatz, der bei oberflächlicher Betrachtung kaum aufzulösen ist. Aber warum sollte man das überhaupt versuchen? Die renommierte Gerichtspsychiaterin Adelheid (Heidi) Kastner wird in ihrem ausführlichen Gutachten beide Seiten der Täterin in angemessener Weise konstatieren: das Hilflose, Devote wie das latent Gewaltsame. Sie wird darauf hinweisen, wie diese unbearbeiteten Anteile der Persönlichkeit und die Gewaltfantasien, die schließlich zu Gewalttaten werden, einander bedingen. Erst ihre Wechselwirkung ergibt das besondere Spannungsfeld, in dem die Delinquentin offenbar seit jeher gefangen ist. Das ist jedenfalls in etwa das Resümee der hundertvierzig Seiten starken Expertise im Auftrag der Staatsanwaltschaft.

Österreichs berühmtester Untersuchungshäftling wird phasenweise von Wien nach Linz verlegt, damit sich Kastner eingehend mit ihm befassen kann. Die damalige Leiterin der neuen forensischen Abteilung an der Linzer Landesnervenklinik spricht insgesamt rund dreißig Stunden mit Estibaliz C. Zum Abschluss zeichnet sie das Bild einer »Prinzessin« der tragisch-brisanten Art. Diese biete ihren Männern absolute Unterordnung im Austausch für Zuwendung und Interesse an. Das führe in aller Regel aber zum Gegenteil, also immer weiter nachlassender Beachtung und Wertschätzung. Bis sich die unglückliche Prinzessin in einem Turm wiederfinde, den sie durch ihr Verhalten erst ermöglicht hat. Aus diesem Turm suche sie ab einem gewissen kritischen Punkt einen Ausweg – um beinahe jeden Preis.

Andere finden in solchen Situationen vielleicht weniger brutale Lösungen – nicht aber eine Frau, die unter einem »Plastiksackerl« steckt und nie gelernt hat, ihre Bedürfnisse zu vermitteln. Das ist eine der Feststellungen im Gutachten, das der Psychogenese der zwanghaften Täterin ausgiebig auf den Grund geht.

Das Mädchen Esti durfte sich kaum rühren, als sie mit einem jüngeren Bruder im Elternhaus aufwächst –

zunächst in Mexiko-Stadt, dann in Barcelona. Dort ist absolute Unterordnung unter strenge Regeln gefragt, damit der mexikanische Vater seiner Arbeit als Journalist und Buchautor nachgehen kann – eilfertig sekundiert von der baskischen Mutter. »Wir durften nicht auffallen, nicht existieren«, schildert die Zweiunddreißigjährige im Rückblick. Dagegen kommt ein Kind im wirklichen Leben nicht an. Wohl aber in der Fantasie, in der es sich irgendwann verschiedene Arten ausmalt, den geliebt-gehassten Tyrannen, der es kaum beachtet, eigenhändig umzubringen. Dabei entwickelt sich jener »schlimme Teil« von ihr, wie sie es nennt, der sich später immer wieder mal meldet – und vorübergehend die Kontrolle übernimmt.

Diese Fantasien kommen wieder ins Spiel, als sich ihr erster, ähnlich dominanter Freund und Verlobter in Barcelona nach fünf Jahren von ihr trennt: Esti überlegt, die Bremsschläuche an dessen Wagen zu kappen, damit jener möglichst an einem Unfall stirbt. Oder auch, als sie kurz entschlossen als Au-pair nach München geht und sich von ihrer Gastgeberfamilie drangsaliert fühlt. Sowie Jahre später in dem Berliner Eissalon, in dem sie eine Zeit lang kellnert und sich an dem Geschäftsführer reibt. Weil er ihre Toilettengänge während der Schicht nachhält und ihr kaum Arbeitspausen gestattet, recherchiert sie im Netz Mittel und Wege, das Geschäft samt allem, was darin ist, in Flammen aufgehen zu lassen.

In all diesen Fällen bleibt die gewaltsame Rache ein Planspiel, die Vorstufe zu einem konkreten Projekt. Esti setzt noch nicht um, was schon recht unmissverständlich in ihrem Kopf herumschwirrt – und gleicht darin so vielen, die in einem emotionalen Moment eingestehen, dass sie jemanden manchmal am liebsten »über den Haufen ballern« oder »an die Wand klatschen« möchten. Der Mann seine Frau, die Frau ihren Mann, Eltern ihr Kind, Kinder ihre Eltern, Angestellte ihren Chef etc. Das wird in den Nullerjahren, als Estibaliz in einer völlig verfahrenen Ehe steckt, plötzlich anders. Nur zu schnell leidet sie darunter, dass der vierzehn Jahre ältere Udo M. in Berlin bald die dominante Rolle auslebt, die sie ihm angedient hat, und sie längst nicht mehr hofiert. Der ehemalige Journalist und Geschäftsmann nimmt ihr irgendwann regelmäßig das selbst verdiente Geld ab und behält ihren Ausweis ein, damit sie nicht nach Katalonien zurückkehren kann. Nach dem Umzug Richtung Wien zieht er sich bald aus dem Eissalon zurück, um am Computer Ego-Shooter zu spielen oder sich mit seiner kleinen Waffensammlung zu beschäftigen.

Dabei wird die Kleinkaliber-Pistole Marke Beretta für seine gedemütigte Frau plötzlich zum niederschwelligen Angebot. Was sie braucht, um ihn endgültig loszuwerden, ist griffbereit und bietet bei aller Brutalität eine schnelle, glatte Lösung. Keine weiteren Debatten und nervenden Konflikte mehr, keine Paartherapie und keine teuren Anwälte. Vor allem auch keine Verhandlungen darüber, wie sie den Partner auszahlen muss, um die Eisdiele komplett in Eigenregie zu betreiben. Sie will nicht wieder bei null anfangen. So nähert sich Estibaliz dieser Waffe allmählich an, mit der Udo phasenweise mehr Zeit verbringt als mit ihr.

Ob die Bluttat am 27. April 2008 so eiskalt ausgeführt wurde, wie es später wieder und wieder heißt? Dafür spricht, dass Estibaliz C. stets mit festem Vorsatz, wenn auch nicht immer strategisch klug agiert. Sie lässt ihrem Opfer keine Chance und wendet jede Mühe auf, seinen Leichnam zu beseitigen. Nachdem der erste Versuch, Udo M. zu verbrennen, an der starken Rauchentwicklung in der Wohnung scheitert, lässt sie ihn dort mehrere Tage im Sessel sitzen; dann schafft sie die Kettensäge herbei. Für so ein Vorgehen braucht es starke Nerven. Das gilt erst recht für die zweite Tat im November 2010, als sie den Teppich mit Plastikfolie abdeckt, bevor sie Jürgen S. erschießt und zerstückelt. Diesmal werden die Leichenteile auch gleich einzementiert. Alle notwendigen Prozesse werden so nüchtern ausgeführt, als setzte sie einen Ikea-Schrank zusammen. Es gibt kein Zögern mehr, sobald die rote Linie einmal überschritten ist.

Andererseits ist die kalkulierte Projektsteuerung für die meisten Gewalttäterinnen mehr oder weniger Notwendigkeit. Darauf hat auch Rudolf Egg, Direktor der

Kriminologischen Zentralstelle in Wiesbaden, vor etlichen Jahren in einem Interview hingewiesen. »Aufgrund ihrer geringeren Körperkraft sind Frauen meist darauf angewiesen, eine Gelegenheit abzuwarten, wenn sie töten«, erklärte Egg dem *Spiegel.* »Zum Beispiel, dass das Opfer schläft, betrunken oder benommen ist.« Vor dem Hintergrund ist der Vorwurf der Kaltblütigkeit mit großer Vorsicht abzuwägen. Dazu handelt Estibaliz beide Male auch nicht wirklich aus freien Stücken, wie sie gegenüber Kastner beteuert. Vielmehr erlebt sie sich als »Beifahrer« in einem Auto, das ihr »schlimmer Teil« steuere. Dieser Teil gebe dann die Richtung vor, während sie selbst ohne jeden Einfluss auf das ist, was da gerade geschieht. Dabei entwickle sich der Mordgedanke autonom – von einer verlockenden Fantasie über eine reelle Option bis hin zu jenem fatalen Punkt, an dem die Tat als einzige Möglichkeit erscheint. In dem Sinne werde sie von dem schlimmen Teil in ihr »terrorisiert«.

Sind das die Ausflüchte einer Geständigen, die lieber mit einer schizoiden Veranlagung kokettiert, als moralische Verantwortung zu übernehmen? Das psychiatrische Gutachten, das Kastner Anfang Juli 2012 vorlegt, attestiert Estibaliz tatsächlich eine »kombinierte Persönlichkeitsstörung, die in ihrem Ausmaß einer geistig-seelischen Abnormität höheren Grades entspricht«. Diese Störung trage abhängige und narzisstische, dissoziale und histrionische, das heißt von einem besonders affektierten, um Aufmerksamkeit buhlenden Verhalten getragene, theatralische Züge. Nichtsdestotrotz sei der Angeklagten bewusst gewesen, »dass sie in jedem Fall anders handeln hätte können«. Da sie nicht in der Lage sei, Beziehungen aus eigener Initiative zu beenden, blieben ihr allerdings »im Wesentlichen nur deviante Auswege«. Diese Tatsache weise die Angeklagte als weiterhin gefährliche Täterin aus. Die Wahrscheinlichkeit, dass sie unter gegebenen Umständen ähnlich gewaltbereit agiert, läge hochgerechnet bei 31 Prozent.

Estibaliz C. ist demnach für ihre Taten verantwortlich zu machen, auch wenn ihr Mindset von Zwangsvorstellungen beeinflusst ist. Deshalb solle sie eben nicht nur weggesperrt, sondern gleichzeitig therapiert werden. So lautet Kastners abschließende Empfehlung, die das Landesgericht Wien Anfang Juli 2012 erreicht. Fünf Monate darauf, am 19. November, wird der Prozess gegen die inzwischen vierunddreißigjährige Angeklagte eröffnet. Sie hat bereits im Januar in U-Haft einen gesunden Jungen zur Welt gebracht und dessen leiblichen Vater kurz darauf geheiratet. Auch das hat dafür gesorgt, dass die Aufmerksamkeit für den Fall weiter enorm ist. Hier steht eine Frau vor Gericht, die gerade ein neues Leben geschenkt – und davor zwei genommen hat.

Nun ruhen die Augen und Ohren der halben Welt

während der vier Verhandlungstage im restlos gefüllten Großen Schwurgerichtssaal auf der Angeklagten. Was immer sie da von sich gibt, wie sie sich aufführt und bewegt: Jedes einzelne Detail wird mit größter Aufmerksamkeit beobachtet und seziert. Das fängt mit dem modischen, grauen, kurzen Kleid an, in dem sie zwischen ihren beiden Verteidigern, renommierten Stars der Zunft, zunächst Platz nimmt. Nach dem Geschmack der volkstümlichen *Kronen Zeitung* ist es »ein bisschen zu sexy, um als Büßergewand durchzugehen«. Andere im Saal vermissen Demut und eine deutlichere Distanz zu den Taten. So bemängelt einer der Geschworenen gegenüber Estibaliz bald, er habe »nicht den Eindruck, dass Sie etwas bereuen«. Ihre Antwort: »Ich versuche, mich zusammenzureißen. Wenn ich die ganze Zeit weine, heißt es doch nur: Schau, was die für ein Theater spielt.«

Frauen, die wegen Totschlag oder Mord vor Gericht stehen, erfahren eben eine besondere Beachtung in der Öffentlichkeit. Noch dazu, wenn sie attraktiv wirken und sich über allgemeine Vorstellungen von einem ordentlichen, gesitteten Leben hinwegzusetzen scheinen. So war das in Deutschland im Fall von Vera Brühne – jener eleganten, platinblonden Frau aus Essen, die 1962 in München aufgrund von teils fragwürdigen Indizien des gemeinschaftlichen Doppelmords an einem Arzt und dessen Haushälterin verurteilt wurde. Illustrierte und Zeitungen sprachen schon vorab von einem »geldgierigen Luder«, das die Öffentlichkeit wie das Gericht nur täuschen wolle, um sich auf morbide Weise eine Villa in Spanien unter den lackierten Nagel zu reißen. Ganz ähnlich wurde in den Nullerjahren Amanda Knox durchs globale Dorf getrieben – jene amerikanische Studentin, die lange im Verdacht stand, unter dem Einfluss von Drogen im italienischen Perugia zusammen mit einem Freund eine Kommilitonin ermordet zu haben. Sie geisterte vor jeder Rechtsprechung als »Engel mit den Eisaugen« durch die Boulevardblätter. Eine Lokalzeitung aus Perugia titelte sogar: »Von der erstklassigen Studentin zur eiskalten Menschenfresserin.«

Das mag zum einen mit der geringen Wahrscheinlichkeit solcher Fälle zu tun haben. Laut einer offiziellen Statistik aus dem Jahr 2016 werden in Deutschland gerade einmal zwölf Prozent aller schweren Gewaltdelikte von Frauen verübt. Davon entfällt ein hoher Anteil auf Tötungen des Kindes. Zum anderen verstoßen solche Gewalttaten von Frauen immer noch gegen tradierte, weiter vorherrschende Rollenbilder. Das fängt schon mit der Wahl der Tatwaffe an, wie Michael Soyka, Professor für Psychiatrie und Spezialist für forensische Psychiatrie, in seinem Buch *Wenn Frauen töten* konstatiert: »Die typische weibliche Mörderin nimmt, dem althergebrachten Klischee entsprechend, Gift oder neuerdings Medikamente.« Die dezente Dosis von Was-auchimmer erscheint deutlich weniger brachial als die Verwendung einer Schusswaffe oder des stumpfen, schweren Gegenstands.

Die Verteidigung hat es am Großen Schwurgericht in Wien denn auch entsprechend schwer, um Verständnis für die Motivlage ihrer Mandantin zu werben. Sie gibt sich während der vier angesetzten Verhandlungstage alle Mühe hervorzuheben, dass sich die beiden Mordopfer der Täterin gegenüber sehr herablassend verhalten hätten. Ihre Ausführungen legen nahe, dass Estibaliz beides ist, Opfer wie Täterin, und insgesamt eben »ein schwer gestörter Mensch, der sich nicht ausgesucht hat, gestört zu sein«. Der Anklage geht es hingegen vor allem darum, das abstoßende Ausmaß der Taten hervorzuheben – und damit die Gefahr, die von Estibaliz C. weiter ausgehe.

»Lassen Sie sich nicht täuschen«, rät die Staatsanwältin den Geschworenen gleich am ersten Verhandlungstag. Hinter der »liebreizenden Nachbarin« auf der Anklagebank, die »so etwas nie tun könnte«, verberge sich eine »eiskalte, brandgefährliche Frau mit einer bösen und einer guten Seite«. Die Vertreterin der Anklage setzt dann auch durch, dass ein Gerichtsmediziner am dritten Prozesstag Großaufnahmen der zerstückelten Leichen in einer PowerPoint-Präsentation zeigen darf. Sie sollen die »große Sauerei« belegen, die da angerichtet wurde. Gegen die Wucht dieser Bilder kommt auch die

Angeklagte nicht an – zumal sie in erster Linie darauf bedacht ist, ihr Selbstbild zu bewahren.

»Ich würde mich lieber aufhängen, als jemand anderem Schaden zuzufügen«, sagt sie an einer Stelle. Möglicherweise ist sie in ihrem Kopfkino tatsächlich fest davon überzeugt. Hier referiert eine geständige, zweifache Mörderin über ihre grenzenlose Friedfertigkeit. Auf die Welt um sie herum kann das nur reichlich verworren wirken. Es ist jedenfalls nicht dazu angetan, Richter und Geschworene zu überzeugen.

Am Ende von vier Verhandlungstagen, am 22. November 2012, entscheidet das Wiener Landesgericht auf lebenslange Haftstrafe für die Angeklagte sowie Einweisung in eine besondere psychiatrische Anstalt. Das umfangreiche Geständnis und die »erhebliche psychische Beeinträchtigung« der Täterin seien laut der Richterin strafmildernd berücksichtigt worden. Andererseits wirkten sich das sogenannte Nachtatverhalten, die genaue Planung sowie die überraschenden Angriffe auf die Opfer erschwerend aus. Die Angeklagte nimmt das Urteil im vollbesetzten Saal »ohne nach außen ersichtliche emotionale Bewegung« auf, wie es im österreichischen Rundfunk heißt. Wie es ihr wirklich geht, dringt wie manch anderes bei ihr nicht an die Oberfläche.

Damit wechselt Estibaliz C. zunächst in die Justizanstalt Schwarzau sowie später ins Forensikzentrum Asten. Weder hier noch dort ist ihr Drang, sich gegenüber der Öffentlichkeit zu erklären, entscheidend zu bremsen. Im November 2014 erscheint das Buch *Meine zwei Leben. Die wahre Geschichte der Eislady*, das in Zusammenarbeit mit einer Journalistin entstanden ist. Knapp vier Jahre später folgt *Zelle 14. Die wahre Geschichte zwischen der Mörderin Estibaliz C., bekannt als Eislady, und einem Mithäftling*. Darin erfährt die Welt von ihrer Liebe zu Niko V. *(Name geändert)*, einem nicht minder psychopathologischen Täter, den sie in der Haftanstalt kennengelernt hat. Er wird der nächste Prinz, der nächste Verlobte, nachdem sich die Inhaftierte von Ingo S. trennt. Bis sie sich im Sommer 2019 auch von Niko distanziert, als sie von dessen möglicher Verwicklung in den Handel mit Kinderpornografie erfährt. »Mein Sohn hat einen anständigen Stiefvater verdient«, macht die zweifache Mörderin geltend.

Estibaliz hat offenbar nicht aufgehört, Estibaliz zu sein: das kleine, tief verletzte Mädchen, das von ihrem Vater nicht wahrgenommen wurde und als scheinbar erwachsene Frau einen mitunter grausamen Hang entwickelt. So erinnert sie an die ewig junge Wahrheit, die der Soldat Woyzeck in Georg Büchners gleichnamigem, etwa 185 Jahre alten Drama von sich gibt: »Jeder Mensch ist ein Abgrund, es schwindelt einem, wenn man hinabsieht.«

Fatale Verbindungen

»Tut mir leid« – drei Worte, mit denen wir wegen eines Missgeschicks oder einer verletzenden Bemerkung mal mehr und mal weniger überzeugend um Verständnis bitten.[1] Weil wir damit Freundschaft oder Vertrauen aufrechterhalten oder einfach nur Form und Anstand wahren wollen. Doch im Januar 2003 erweisen sich diese drei Worte als völlig sinnlos. Ein bewaffneter Mann mit schwarzer Sturmhaube sagt sie zu drei Reinigungskräften, die zwischen dreißig und neununddreißig Jahre alt sind. Sie haben gerade ihre Schicht in einem Fitnessstudio einer Kleinstadt im Münsterland beendet. Es ist kurz vor Mitternacht, der Mann hat sie vor dem Gebäude abgepasst.

»Geht mal rüber an die Wand«, ruft er den Frauen zu. Die entgegnen: »Was wollen Sie? Wir haben kein Geld.« Aber sie folgen seinen Anweisungen, er hat

1 In diesem Kapitel sind alle Namen und Orte verändert.

schließlich eine Pistole in der Hand, und im nächsten Moment werden sie auch schon der Reihe nach erschossen, aus kürzester Distanz. Später wird die Tatzeit auf 23:40 Uhr festgelegt.

Tut mir leid? Es gibt keine Zeugen dafür, dass der Täter die Worte tatsächlich gesagt hat, bevor er die Morde beging. Aber Musa D. schildert das so, als er sich Ende Juni desselben Jahres im Saal 23 am zuständigen Landgericht für die gezielten Tötungen verantworten muss. Angeblich hat er auch erst im zweiten Versuch geschafft, das fürchterliche Verbrechen zu begehen. Beim ersten, wenige Tage zuvor, habe er sich »irgendwie gestört« gefühlt, gab er bei seiner Vernehmung durch die Polizei zu Protokoll.

Aber bewirkt Musa vor der 11. Großen Strafkammer mit solchen Aussagen nicht eher das Gegenteil? Man entschuldigt sich bei den ausgesuchten Opfern eines Verbrechens nicht so, als hätte man jemanden im Bus angerempelt oder eine unpassende Bemerkung gemacht. Es wirkt sich auch nicht günstig aus, wenn man die ganze Aktion als »Freundschaftsdienst« bezeichnet. Als würde das bei irgendwem mehr Verständnis für die blutige Tat auslösen. Sie hat insgesamt fünf Kindern ihre Mütter genommen, wie im Prozess vorgerechnet wird.

Der Vorsitzende Richter wird von einer »Hinrichtung auf offener Straße« sprechen. Das muss sich der

Einundzwanzigjährige mit türkischen Wurzeln schon gefallen lassen. Ganz ähnlich gilt das für die beiden anderen Männer auf der Anklagebank, den einunddreißigjährigen Ahmet Ö. und den sechsundzwanzigjährigen Erkan S. Sie haben ihrem Bekannten in verschiedenen Rollen den Auftrag zur Gewalttat erteilt, die das kleine Städtchen so nachhaltig erschüttert hat. Ein verantwortlicher Politiker hat in einer ersten Reaktion sogar die Sorge geäußert, dass »das friedliche Nebeneinander« von deutschen und türkischen Familien hier in »Vorbehalte gegenüber Ausländern« kippen könnte.

Was Musa, Ahmet und Erkan auf unheilvolle Weise zusammenbringt, ist eine Art Start-up – allerdings erstreckt sich das angepeilte Geschäftsfeld nur auf kriminelle Tätigkeiten. Das jedenfalls ist die Idee von Ahmet, dem Initiator und Kopf des finsteren Trios. Der kaufmännische Angestellte ist Anfang 2003 sein bis dato unauffälliges Leben ebenso leid wie seine dreißigjährige Ehefrau Özen. Die beiden haben gemeinsam ein Kleinkind, und Özen ist wieder schwanger. Doch im Sommer davor hat sich Ahmet in eine andere Frau verliebt, eine zweiundzwanzigjährige Polin. Mit ihr möchte er eine Beziehung führen, und für sie hat er schon unter falschem Namen eine Wohnung in seinem Ort angemietet.

In den tradierten Vorstellungen von Özen und ihrer Familie jedoch kommt so etwas wie Trennung oder gar

Scheidung einfach nicht vor. Die Familie würde ihn eher umbringen, hat Ahmet seinem Freund Erkan mehr als einmal gesagt. Obendrein stößt er bei Özen auf wenig Verständnis für seine neueste Geschäftsidee. Er möchte im großen Stil mit Drogen, gestohlenen Autos und Menschen handeln, um endlich mal richtige Rendite einzufahren. Ein Zigfaches von dem Kleingeld, das seine stinknormale Arbeit in seinem stinknormalen Leben einbringt. Dann könne er an all das herankommen, was das Leben schön und angenehm macht: fette Autos, große Häuser, schlanke Frauen.

Die verheißungsvolle Vorstellung von Glück durch Wohlstand ist weit verbreitet. Sie bringt Menschen dazu, jeden Freitag einen Lottoschein abzugeben, irgendein Jahreslos zu erwerben oder auf Sportergebnisse im Internet zu wetten. Aber diese minimale Chance reicht Ahmet nicht, wie er Erkan wissen lässt. Das sei der Hoffnungslauf, die Trostrunde für die Schafe. Deshalb möchte der filigrane Mann mit den abfallenden Schultern und der Brille eines Buchhalters die Seite wechseln. Es ist ein Einstieg ohne alle Vorkenntnisse, denn bisher hat Ahmet keinen Draht zur Unterwelt. Das Milieu von Zuhältern, Drogenhändlern und Autoschiebern ist ihm gänzlich unbekannt, und die einzigen Verbrechen, die er erlebt hat, fanden im Kino oder im heimischen Fernseher statt.

Wir dürfen uns den seltsamen Quereinsteiger also

als einen Mann vorstellen, der noch mit einem Bein in der muslimischen Kultur feststeckt, die von strengen Wert- und Rollenvorstellungen geprägt ist, gleichzeitig aber schon Ausschau hält in Richtung Prostitution und organisierte Kriminalität. Mehr noch: Ahmet Ö. ist im Begriff, einen Schalter umzulegen. Er will abschließen mit einem Lebensstil, der ihm zwar ein Mindestmaß an Sicherheit bringt, aber mit dem er weder den gewünschten Selbstwert noch das ersehnte Lebensniveau erreichen wird. Der Wechsel auf die dunkle Seite der Straße samt seinen Risiken wirkt auf ihn weit verlockender als eine tadellose, aber erdrückende Existenz in engen Bahnen.

Also fragt Ahmet seinen Freund Erkan, ob der das für ihn regeln kann. Aber sein Freund muss passen, er traut sich so etwas nicht zu. Diese Antwort bekommt Ahmet in seinen Kreisen noch einige Male. Bis er auf den jungen Musa stößt, vorbestraft wegen Diebstahl und Körperverletzung. Ihm bieten die beiden für das Mordkommando eine Karriere als Türsteher in einer Rotlicht-Bar an, die sie in naher Zukunft aufmachen wollen. Dann bessern sie die Stellenausschreibung noch mal um eine Erfolgsprämie in Höhe von 5 000 Euro auf.

Das ist für einen beschäftigungslosen Einundzwanzigjährigen, der noch bei den Eltern wohnt, eine Menge Geld. Dazu kommt das erhebende Gefühl, dass da zwei um einige Jahre ältere Männer offenbar an ihn glauben. Außerdem lockt der Einstieg in eine vielversprechende, lukrative Verbindung. Beides ist Musa vermutlich noch nie passiert. Er versteht auch Ahmets Problem, weil er die ungeschriebenen Regeln der deutsch-türkischen Gemeinschaft kennt. Also sagt er irgendwann den Satz, den er sinngemäß auch in den Verhören der Polizei erinnert: »Ich will's versuchen.«

Der gewaltbereite Youngster wird kaum anders gecastet als ein Schauspieler der zweiten oder dritten Reihe, dem ein Produzent eine vage Erfolgsaussicht unterbreitet: Spiel für kleines Geld bei unserem Mute Tape mit, und wir besetzen dich ganz prominent, sobald der Film beim Sender durch ist. Nur dass Musa als Killer hospitiert. Er muss beim ersten Auftrag nachweisen, dass er die Eier für ein professionell ausgeführtes Verbrechen hat; dass er bereit ist, alle Brücken hinter sich abzureißen. Zu dem Zweck arbeiten Ahmet und Erkan, seine beiden Vorgesetzten, nun seinen Einsatzplan aus. Sie wollen, dass er Özen außerhalb der Wohnung abpasst, damit der Verdacht nicht sofort auf ihren Gatten fällt. Weil sie die Wohnung nur für ihre Putzstelle unbegleitet verlässt, kann das Verbrechen auch nur dort, beim Fitnessstudio, geschehen.

Eine Neun-Millimeter-Pistole und eine Sturmhaube sind schnell besorgt. Schließlich setzt Ahmet noch mal einen drauf. »Du musst alle drei Frauen wegmachen«, schärft er Musa ein. So könne die Polizei nicht ahnen, um wen oder was es bei dem Anschlag geht. Wer so denkt und delegiert, unterstreicht seine Position als Anführer und unumstrittener Stratege. Der ist in allen Welten der Chef.

Die drei gezielten Schüsse schrecken denn auch alle Menschen, die in diesem Ort wohnen, auf; niemand kann sich das Verbrechen erklären. Aber die umgehend gebildete Mordkommission, die zwischenzeitlich auf bis zu fünfunddreißig Mitarbeiterinnen und Mitarbeiter aufgestockt wird, vermutet das Motiv bald im Umfeld der drei Frauen. Dabei kommt ihr Ahmet Ö. schnell verdächtig vor: Er spielt den fassungslosen Witwer einfach zu übertrieben. Gut zwei Wochen nach den Morden läuft ihr auch noch Erkan S. in die Arme. Der Fünfundzwanzigjährige bringt die Ermittelnden auf die Spur seines *Partners in Crime* und räumt seine Rolle als Mitwisser ein. Wie teuer ihn das am Ende zu stehen kommen wird, ahnt er noch nicht.

Der Rest ist Polizeiroutine. Man beobachtet Ahmet, lässt ihn zur Beerdigung seiner geliebten Frau sogar noch in die Türkei und wieder zurück nach Deutschland reisen. Dann legen sich Handschellen um seine schmalen Gelenke. Wie so viele andere Start-ups scheitert auch seines bereits in der Gründungsphase.

Viereinhalb Monate später stellt der Vorsitzende Richter beim Prozess am zuständigen Landgericht fest, wie »naiv« die Pläne der drei stillen Männer auf der Anklagebank gewesen seien. Fast im selben Atemzug geht er auf den bestürzenden Zynismus bei der Planung und Umsetzung der Morde ein. Hier wurden zwei Frauen nur deshalb getötet, weil die gezielte Hinrichtung ihrer Kollegin verschleiert werden sollte – und diese musste bloß entsorgt werden, weil sie den Plänen ihres Mannes im Wege war. Was der leitende Staatsanwalt als »erbarmungslose Brutalität« bezeichnet hat, nennt der Richter in Bezug auf Ahmet Ö. »eine menschenverachtende Grundhaltung, die sittlich auf tiefster Stufe steht«. Der Kopf des Trios habe eine »außergewöhnlich hohe kriminelle Energie« bewiesen und die Mitangeklagten »stark bedrängt«.

Die drei Männer hören sich die neunzigminütige Urteilsbegründung im Sommer 2003 mit gesenkten Köpfen an. Sie haben im Saal 23 kurze Entschuldigungen an die Adresse der Angehörigen verlesen lassen. Die wirkten fast so lapidar wie das »Tut mir leid«, das Musa zu den Frauen sagte, bevor er sie liquidierte. Einzig Ahmet bringt einen Satz zustande, der über Floskeln hinausreicht. »Meine Schuld steht bis an mein Lebensende fest«, trägt sein Anwalt für ihn vor. Aber um die Geschworenen zu beeindrucken, kam das vermutlich zu spät.

Schließlich werden Ahmet Ö. und Musa S. jeweils zu lebenslangen Haftstrafen verurteilt. Außerdem wird die besondere Schwere der Schuld festgestellt. Das wiederum bedeutet, dass frühestens nach rund zweiundzwanzig Jahren erstmals geprüft wird, ob sie in den offenen Vollzug und dann in die Freiheit überstellt werden können. Der mitangeklagte Erkan S. erhält wegen Beihilfe zum Mord acht Jahre Freiheitsstrafe. Seine Hoffnung, dass er nur wegen Nichtanzeigens einer Straftat zur Rechenschaft gezogen wird, ist damit geplatzt. Er war nach Auffassung des Gerichts zu sehr an der Planung beteiligt, um nicht als Mittäter zu gelten.

Die beschauliche Ortschaft kann danach allmählich zur Ruhe kommen, reibungsloser als vom Bürgermeister eingeschätzt. Aber die Beschäftigung der Kriminologen mit dem Phänomen der *Partners in Crime* hält natürlich an. Gemeinschaftlich begangene Taten machen einen erheblichen Anteil an der Gesamtzahl der schweren Gewaltverbrechen aus. Die kriminellen Synergien wirken in solchen Konstellationen oft als Brandbeschleuniger: Man schaukelt sich hoch, sobald die Idee zur Tat geboren ist, und kommt kaum je wieder runter. Weil es jetzt so abgemacht ist. Weil man sein Wort halten muss. Weil man den anderen nicht hängen lässt. Weil nur Weicheier zurückziehen. Da spielen Rituale unter Männern eine fatale Rolle.

Es sind feste Bünde, die geschlossen werden. Denn wer sich zu zweit, zu dritt oder in der Gruppe auf ein

Verbrechen verabredet, geht in aller Regel einen Vertrag auf Lebenszeit ein. Dieser kettet alle Beteiligten gleich mehrfach aneinander: Sie sind vom Moment der Tat, ja schon der Vorbereitung an auch Mitwisser und Zeugen. Strategische Verbündete also, die sich gegenseitig decken und unterstützen – aber auch reinreißen, denunzieren oder sonst wie hintergehen können. Die ganze Bandbreite menschlichen Verhaltens zwischen Himmel und Hölle.

Es braucht also viel Vertrauen, um sich auf einen gemeinschaftlichen kriminellen Coup einzulassen, so merkwürdig das klingt, sowie in aller Regel eine bestimmte Organisationsstruktur – ähnlich wie in der freien Wirtschaft. Im konkreten Beispiel etwa ist Ahmet Ö. der Gründer und Kopf des Start-ups. Ihm zur Seite steht Erkan S. als zweiter Mann auf der Kommandoebene. Dort wird projektiert und entschieden, aber nicht unbedingt ausgeführt. Das ist Sache von Musa. Er ist der Mann fürs Grobe, den es bei so vielen Unternehmungen braucht; der Ausführende, der, ohne viel zu fragen, umsetzt, was auf höherer Etage beschlossen wird.

Der Begriff der Firma, mit dem sich kriminelle Partner und Gruppen gern selbst umschreiben – ein Zweig der Mafia oder Camorra, ein Drogenkartell oder eine Schieberbande –, kommt also nicht von ungefähr. Organisierte Kriminalität braucht zwingend ein Mindestmaß an Struktur und Ordnung, egal wie viel Manpower im Einsatz ist. Das macht sie in gewisser Weise bürgerlich. Im Zweifel müssen die Arbeitsschritte und Ziele hier sogar noch besser abgestimmt sein. Denn ein Scheitern führt nicht nur zu Umsatzverlusten – es kann das Ende aller Aktivitäten, Verhaftung und anschließend ein Leben im Strafvollzug bedeuten. Dann geht auf Jahre oder Jahrzehnte hinaus gar nichts mehr.

Schon aus diesen Gründen finden sich *Partners in Crime* häufig auf privater Ebene zusammen. Sie sind Bekannte und Buddys, Kumpel oder beste Freunde, die sich im Idealfall ergänzen wie Henry Gondorff und Johnny Hooker in der berühmten Gangsterkomödie *Der Clou* (Originaltitel: *The Sting*). Nur durch ihren unerschütterlichen Zusammenhalt gelingt es den von Paul Newman und Robert Redford verkörperten Kleinganoven im Chicago der 1930er, einen Mafia-Capo um sehr viel Geld zu erleichtern. Dabei beweisen sie in ihren Dialogen auch noch Talent für Selbstironie. »Er ist nicht so tough, wie er denkt«, sagt Johnny über den Gangsterboss. Darauf Henry: »Sind wir auch nicht.«

In Filmen wie diesem wird nicht nur die Halbwelt, sondern auch die enge Bande der *Partners in Crime* gehörig romantisiert. Hollywood darf das auch. Im wirklichen Leben können sich Männerbünde sehr toxisch auswirken. Da zieht der eine den anderen mit über jenen Punkt, von dem aus keine Umkehr mehr möglich ist. Weil etwas vereinbart und gemeinsam vorbereitet wurde, was irgendwann auch umgesetzt werden muss. So wie 2003 im Münsterland. Oder Anfang 2009 in einer Kleinstadt in Württemberg.

Dort findet der achtzehnjährige Christian G. am Freitagmorgen mit seinem besten Freund, dem ein Jahr älteren Oliver W., ein wahres Blutbad vor. Auf den oberen zwei Etagen des Mehrfamilienhauses, das den Eltern gehört, liegen deren Leichen sowie die seiner beiden älteren Schwestern; alle weisen etliche Schusswunden auf. Nachdem Christian die Polizei alarmiert hat, tritt er heulend und schreiend auf die Straße und droht den unbekannten Tätern. Von den schnell herbeigeeilten Nothelfern lässt er sich kaum beruhigen. Alle, die das mitbekommen, ahnen, dass da etwas Furchtbares geschehen ist. Wie furchtbar, weiß aber zu diesem Zeitpunkt noch niemand.

Gestern war noch alles gut, erzählen die Freunde der Polizei. Da war Christian am Abend auf einen Teller Spätzle bei Olivers Familie zu Gast. Später schauten sie dann im Checkers vorbei, einer beliebten Musikkneipe im Ort, in der sie Christians Eltern und deren Freunde trafen. Man schwätzte, tanzte und trank eine Weile, dann zogen sich die Jungspunde in Olivers Elternhaus zurück. Heute bei dir, morgen bei mir, wie das so geht unter ziemlich besten Freunden. Als sie am nächsten

Morgen mit frischen Brötchen zu Christians Familie hinübergingen, seien die beiden Klassenkameraden eines Wirtschaftsgymnasiums dann unvermittelt mit den Folgen eines wahren Massakers konfrontiert worden.

Den Ermittelnden fällt ziemlich bald auf, dass niemand gewaltsam in Christians Elternhaus eingedrungen war. Dann entdecken sie an den Händen der Jugendlichen Reste von Schmauchspuren. Auch machen beide in den ersten Vernehmungen so widersprüchliche Angaben, dass man sie beim Verhör noch genauer unter die Lupe nimmt. Acht Tage nach der Tat knickt Oliver schließlich ein.

»Wir waren das zusammen«, gesteht er und führt die Ermittelnden zu einem Versteck im Wald. Dort haben die beiden Freunde in einem Müllsack jede Menge Waffen und Munition aus einem gemeinschaftlich begangenen Einbruch in der lokalen Schützengilde gehortet, bei der sie aktive Mitglieder sind. Außerdem versteckten sie hier auch die blutverschmierten Kleider und die Tatwaffen.

Die Funde stehen für ein geheimes Doppelleben der Gymnasiasten aus bürgerlichem Hause. Zwei oder drei Jahre zuvor sind sie in der Realschule eingebrochen, die sie damals besuchten, um einen Computer und einen Beamer mitzunehmen. Dann drangen sie in einen Supermarkt ein, später in einen Tennisclub. Beim Einbruch in der Schützengilde erbeuteten sie siebzehn Pistolen und Gewehre plus eintausendsiebenhundert Schuss Munition. Das lässt sich auch bei bestem Willen nicht mehr als Schabernack von Teenagern abtun. Die Einbrüche funktionierten immer reibungslos, und ab dem Zeitpunkt, an dem alle Werkzeuge in Reichweite waren, taten sich plötzlich ungeahnte Möglichkeiten auf.

Christian reibt sich schon länger an seinem Vater Udo. Der Heilpraktiker, der im Erdgeschoss des Mehrfamilienhauses eine gut etablierte Praxis betreibt, dominiert seiner Ansicht nach alle mit seinem Perfektionismus und Tugendwahn. Auf die beiden Schwestern Marie-Luise und Ellen ist der Vater stolz, weil sie mit dem Pädagogikstudium ihrer Mutter Sabine, einer Lehrerin, nacheifern. Der Sohn hingegen ist für ihn das schwarze Schaf, über ihn sagt er Bekannten gegenüber, dass er ihn »auch noch hinkriegen« werde. Christian würde daher am liebsten ausziehen, wie er zu Oliver sagt. Doch dafür fehlen ihm die Mittel.

Das ist jetzt schon weit mehr als ein gewöhnlicher Abiturienten-Blues, wie er auch Zigtausend andere in dem Alter befällt. Irgendwann hat Christians Mutter dann allen drei Kindern die Vollmacht über ein geheimes Nummernkonto in der Schweiz eingeräumt, auf dem etwas mehr als 250 000 Euro liegen sollen. Es kann sein, dass da bereits Gedankenspiele bei Christian und Oliver aufkommen.

Wie junge Männer sich verändern können, wenn sie Waffen in die Hand bekommen und mit ihnen hantieren dürfen, habe ich selbst noch in eindrücklicher Erinnerung. Bis heute habe ich meine Kameraden in der Bundeswehrkaserne vor Augen, an jenem besonderen Tag, als die Dienstwaffen ausgegeben wurden – das ist jetzt schon mehr als vierzig Jahre her. Da posierten auf einmal die scheinbar friedlichsten Typen so breitbeinig wie John Wayne oder so eiskalt wie Charles Bronson. Es waren Gesten der Überlegenheit, von Macht und der Bereitschaft zu töten – und das, obwohl die Gewehre noch nicht einmal geladen waren.

Irgendein Unteroffizier brachte die Gefreiten damals schnell wieder zur Vernunft, aber so jemand steht Christian nicht zur Seite. Er hat nur Oliver, der ihm ergriffen zuhört und jeden seiner Gedanken weiterspinnt. Der etwas verstockte, häufig zurückgestoßene Außenseiter ist sicher, in dem selbstbewussten Jugendlichen mit der Ausstrahlung eines Sonnyboys den besten Freund fürs Leben gefunden zu haben. Er wird diese Liaison, die auch homoerotische Züge trägt, später als »ideale Beziehung« bezeichnen und will dem Freund stets zur Seite stehen – selbst wenn das bedeutet, kriminell zu werden. Es dauert auch nicht lange, bis Oliver seinem Freund einen Zettel präsentiert. Darauf hat er seine Wünsche für den in Kürze zu erwartenden Geldsegen aufgelistet: ein eigenes Auto, ein großer Fernseher, schicke Klamotten, Fallschirmsprünge usw.

So geht Christian in dieser unheiligen Allianz immer einen Schritt weiter, und Oliver folgt ihm bedingungslos. Hier der Selbstdarsteller, dort sein begeistertes Publikum. Und so entwickelt sich die vage Mordidee, die beide vermögend machen würde, schnell zum konkreten Projekt. Es wird Olivers ultimativer Freundschaftsbeweis: Was immer du planst, ich bin dabei. Außerdem bekommt das Vorhaben einen Geheimcode: 5 142. Das bedeutet: fünf Mitglieder in der Familie, ein Außenseiter; vier müssen sterben, zwei schaffen sie beiseite. Diese Formel können sie in Gegenwart anderer, sogar der avisierten Opfer, gefahrlos aufsagen. Sie ist ein Mantra, das einen regelrechten Sog erzeugt. Das Szenario jedoch plant Christian, wie im Prozess deutlich wird, und er trifft an jenem Freitag auch die Entscheidung: Heute ist 5 142.

Der Junior weiß, dass seine Eltern abends in die Musikkneipe wollen. Also setzt er sich mit Oliver gegen zehn von dessen Eltern ab, um unbemerkt ins Haus seiner Eltern zu gehen. Im dortigen Keller ziehen sie sich ausgediente Klamotten an, dann gehen sie zu seinen beiden Schwestern hoch in die Mansarde, die dort eingehüllt in eine Decke gemeinsam fernsehen. Im nächsten Moment werden die jungen Frauen durch neunzehn

Schüsse aus einer Pistole sowie einer Kurzwaffe regelrecht exekutiert. Als Schalldämpfer benutzen die Mörder aufgeschnittene Plastikflaschen. Glaubt man ihren Ausführungen vor Gericht, hat Marie-Luise, die Ältere, beim Blick auf die Waffen noch gefragt: »Was soll denn der Scheiß?« Worauf der Bruder entgegnete: »Ja, so ist sie, arrogant bis zum Schluss.«

Danach ziehen sich die beiden Täter um und machen sich frisch, um Christians Eltern im Checkers zu treffen. Nach kurzer Zeit kehren die beiden Freunde erneut zurück ins Haus, ziehen sich wieder um und warten im Eingangsbereich der Wohnung auf die Eltern. Olivers Einwand, dass er »keinen Bock mehr« auf das Gemetzel habe, wehrt Christian mit einer Umarmung und einem Versprechen ab: »Es ist gleich vorbei.« Gegen 0:30 Uhr werden die Heimkehrenden mit insgesamt elf Schüssen hingerichtet. Sabine G. ist sofort tot. Ihr Mann verblutet eine Stunde später in unmittelbarer Nähe. Unterdessen sind die Mörder längst in Olivers Elternhaus verschwunden.

Sechs Monate nach dem Vierfachmord legen Christian und Oliver zu Beginn des Prozesses vor der Jugendkammer des Landgerichts Geständnisse ab. Sie passen halbwegs in der Beschreibung der zeitlichen Abläufe, nicht aber in der Frage der Verantwortung zusammen. Oliver will sämtliche dreißig Schüsse auf die vier Opfer in Christians Auftrag, aber allein abgegeben haben, während dieser hinter ihm stand. Christian wiederum lässt seinen Anwalt vortragen, währenddessen nicht hinter dem Freund, sondern in einem anderen Zimmer gewesen zu sein. Er sei zwar »der Initiator« der Gewalttaten, aber nicht imstande gewesen, diese auszuführen. Nach den Erkenntnissen der Spurensicherer ist das unglaubwürdig, denn beide hatten Schmauchspuren an den Händen. Für das Strafmaß macht die Differenzierung der Tatanteile juristisch gesehen in dem Fall keinen Unterschied: Christian G. ist zweifelsfrei Auftraggeber und Mittäter.

Ob es bei den Bluttaten um das zu erwartende Vermögen ging oder ob da bloß ein Spiel eine fatale Eigendynamik entwickelte, das vermag der psychiatrische Gutachter nicht mit letzter Sicherheit zu entscheiden. Dreizehn Gesprächsstunden hat er aufgewendet, um das Innenleben der jungen Angeklagten zu ergründen. Trotzdem resümiert er vor Gericht, bei ihnen »nie festen Boden gefühlt« zu haben. Was da eher inszeniert war und was echt sein könnte, sei kaum auseinanderzudividieren. Nicht von ungefähr hält ein Lehrer der beiden im Zeugenstand fest, er habe in seiner Theatergruppe nie einen begabteren Darsteller als Christian erlebt.

Zweifelsfrei weiß der Gutachter aber, dass Oliver in seiner Persönlichkeit auf dem Stand eines Vierzehnjährigen ist. In seiner seelischen Abhängigkeit vom einzigen Freund habe er offenbar gehofft, sich mit diesem durch die Gewalttaten noch enger »zusammenschweißen« zu können, wie er formuliert. Vor dem Hintergrund erscheint sein Geständnis von dem Wunsch beseelt, diesen auch vor Gericht, so gut es geht, zu decken. Das passt in etwa auch zu den Einlassungen von Olivers Anwalt. Er gibt zu Protokoll, dass seinen Mandanten die Aussicht, einen Mord zu begehen, weniger erschreckt habe als die Aussicht, seinen Freund zu verlieren.

Schließlich aber hält die Anklage an Habgier als dem einzig greifbaren Motiv für das Verbrechen fest. So betont die Staatsanwältin immer wieder die niederen Absichten der beiden Angeklagten: »Es ist kaltblütig, die eigene Familie wohlüberlegt zu erschießen, das monatelang vorzubereiten, den Eltern noch mal unter die Augen zu treten, unmittelbar, bevor sie dann erschossen werden ...« In diesem Sinne ergeht ein Jahr später, nach zwanzig Verhandlungstagen und der Einvernahme von rund fünfzig Zeugen, das Urteil.

Christian G. wird zu einer lebenslangen Freiheitsstrafe nach Erwachsenenrecht verurteilt; außerdem stellt man eine besondere Schwere der Schuld fest. Oliver W. erhält zehn Jahre Haft nach Jugendstrafrecht; ihm wird eine strafmildernde Persönlichkeitsstörung attestiert. Der Ausführende kommt also ungleich milder davon als der Anstifter. Gleichzeitig trifft aber auch ein, was Ersterer mit aller Gewalt verhindern wollte:

Die beiden Freunde landen in verschiedenen Vollzugsanstalten und werden auseinandergerissen.

Die Öffentlichkeit hat sich stark erhitzt an dem prominenten Fall, weit über den Landkreis hinaus. Auch in ihren Augen ergibt die Eigensucht zweier Jugendlicher aus gutem Hause das einzig schlüssige Motiv. Was die Verteidiger im Prozess an Verwerfungen innerhalb von Christians Familie ansprechen, erscheint wenig greifbar. Denn ähnlich wie bei den Morden im Münsterland bleibt da eine kollektive Entrüstung zurück. Sie lautet: Kann alles sein, aber deshalb bringt man doch nicht gleich Menschen um. Auf dieser Linie liegt auch der abschließende Kommentar des Vorsitzenden Richters am Landgericht. Er stellt fest, dass die Täter ihre Freundschaft »über das Leben von vier Menschen« gestellt haben. »Sie beide haben eine schwere Schuld auf sich geladen«, führt er weiter aus. Und: »Sie können, müssen und sollen an ihren Persönlichkeitsdefiziten arbeiten.«

Solange es noch Motive gibt, die sich vor Gericht halbwegs ergründen und abwägen lassen, werden die Grundlagen der Zivilisation aber nicht angetastet. Das geschieht erst, wenn Gewalt völlig ohne erkennbare Beweggründe, also aus purer Lust und Neugier verbrochen wird. Diese extreme Variante verorten wir gern in sicherer Entfernung zu Mitteleuropa. Überall dort, wo Grausamkeit auch eine Sumpfblüte unhaltbarer, extremer Verhältnisse ist. Dabei sucht sie uns manchmal in Deutschlands beschaulichsten Ecken heim.

Zum Beispiel auf der Halbinsel Usedom. Die Ostseeluft ist heilsam hier, das Leben plätschert vor sich hin, und die Strandpromenade zwischen den Kaiserbädern Ahlbeck, Bansin und Heringsdorf lädt das ganze Jahr über zum Spazierengehen ein. Abends geht es allenfalls noch um die Frage, ob man heute lieber Zander oder Aal, Hüftsteak oder Kalbsleber Berliner Art auf dem vorgewärmten Teller sehen will. Immer mehr Menschen aus der Hauptstadt, aus Hamburg oder Hannover erwerben hier eine Ferienwohnung oder gleich ein ganzes Haus, was die Immobilienpreise in schwindelerregende Höhen treibt.

Nicht weit hinter der malerischen Küste aber gibt es Orte, die kaum prosperieren und ein wenig vergessen wirken. Ihre Straßen bilden die Welt einer jugendlichen Clique, die sich zwischen Karlshagen und Zinnowitz trifft. Sie hängen zusammen ab – ohne Schulabschluss, ohne Beschäftigung und vor allem ohne Aussicht, dass es irgendwann besser wird. Tag für Tag. Das wenige Geld, über das sie verfügen, geben sie für Handys und billigen Fusel, ein paar Piercings oder Tattoos aus. Man muss kein Zyniker sein, um von Drop-outs zu sprechen. An dem Aufschwung, den die Halbinsel erfahren hat, nehmen sie jedenfalls nicht teil. Sie sind ausgeschlossen, und wie man inzwischen weiß, fühlt sich das fürs Bewusstsein kaum anders an als körperlich empfundener Schmerz.

Aber wie sich dann Erlebnisse verschaffen, bei denen man sich spüren kann? Alkohol ist nur eine Betäubung, und die Action in den Filmen, die sie sich oft zusammen anschauen, bleibt Ersatz. So sagt Sebastian L. schon seit einiger Zeit, dass man mal etwas richtig Krasses bringen sollte. Er schlägt vor, sich einen Menschen zu schnappen und ihn umzubringen, um zu sehen, wie das ist. In Wirklichkeit. Also nicht sich selbst zu ritzen, wie Menschen mit Borderline-Syndrom das häufig tun. Ob der Neunzehnjährige das ernst meint oder nicht, weiß man in der Clique nicht genau. Auch Franziska A. nicht: ein aufgedrehtes, achtzehnjähriges Mädchen mit vollen blonden Haaren und einem Ring an der Nase, das für manchen Spaß zu haben ist. Als überraschend ihre Tage ausfallen, begleiten Sebastian und Lutz B., sein zwei Jahre älterer Kumpel, sie zum Schwangerschaftstest.

Mitte März 2019 aber finden Bekannte Franziska in ihrer kleinen Wohnung tot vor – grausam hingerichtet von über dreißig Messerstichen, wie die Obduktion später ergibt. Die Polizei setzt alles daran, den oder die Verantwortlichen für die Bluttat zu ermitteln. Dabei landet sie schon bald im Inner Circle der Clique. Hier wird zunächst geschwiegen oder nur vage etwas angedeutet. Doch mit einiger Beharrlichkeit kommt alles rund vier

Wochen später ans Tageslicht: Es waren Sebastian und Lutz. Und es traf Franziska im Grunde nur, weil sie gerade erreichbar war. Kurz zuvor hatte Sebastian offenbar eine andere Person aus der Clique ins Visier genommen.

Sebastian und Lutz haben sich am Abend davor die Kante gegeben, wie sie bei ihren Geständnissen erzählen. Sie sind so alkoholisiert, dass die letzte Hemmung fällt und der eine den anderen nun überreden kann. Also rufen sie Franziska an, um sich mit ihr in ihrer Wohnung zu treffen. Vorher ziehen sie allerdings noch alte Klamotten an, nehmen ein Messer mit einer zwanzig Zentimeter langen Klinge und frische Kleidung zum Wechseln mit. Außerdem vereinbaren sie ein Codewort. Sobald einer von ihnen »Bier« sagt, wollen sie sich auf Franziska stürzen. Ein schneller, jäher Überfall, dem das Opfer nichts entgegensetzen kann – und so kommt es dann auch.

Sebastian L. gibt selbst zu, dass er die treibende Kraft bei der Bluttat war; derjenige, der zustach, immer wieder. Sein Partner habe nur auf Franziska gehockt, um ihre Beine festzuhalten. Er ist also der Haupttäter, der das gnadenlos durchzieht, und Lutz der Mittäter. Der Assistent, der wohl kaum hinsehen mag. So morden die jungen Männer in der vielleicht gängigsten Konstellation bei solchen Fällen: Einer hat das Kommando, während sich der andere vasallentreu ein Stück weit mitziehen lässt – oder im entscheidenden Moment zu wenig unternimmt, um das Vorhaben noch zu stoppen. Das sind toxische Verbindungen mit einer grausamen Dynamik, die in diesem konkreten Fall gleich zwei Leben vernichtet. Man kann davon ausgehen, dass Franziska in ihren letzten Momenten sehr gelitten hat.

Das Entsetzen ist dann auch groß, als sich die Nachricht von den Geständnissen der Täter auf Usedom verbreitet. Was soll das bitte für eine Clique sein, in der einer den anderen abschlachtet? Wieso ist bei ihren Treffen nicht Vertrauen und Freundschaft, sondern das absolute Gegenteil davon entstanden? Und was ist das für ein absurder Beweggrund, einen nahestehenden Menschen mal eben aus Neugier zu töten? Da tun sich mit einem Mal Abgründe auf, die man auf der Insel nie vermutet hätte. Sie erinnern an die dunkelste Passage im berüchtigten *Folsom Prison Blues,* den Johnny Cash 1955 interpretierte. Darin geht es um einen Gefangenen, der sein Leben im Knast verflucht – obwohl er den Grund dafür, dass er dort einsitzt, nicht vergessen hat: »But I shot a man in Reno just to watch him die.«

Bloß mal sehen, wie das so ist: Es gibt wohl kein Motiv, durch das ein Gewaltopfer mehr herabgewürdigt wird. Während andere Jugendliche sich damit begnügen, nachts Papierkörbe abzufackeln oder Fahrräder zu crashen, musste es für Sebastian und Lutz ein Mensch mit einem schlagenden Herzen sein, den sie auch noch übertöteten – so nennen Kriminologen das, wenn bei der Tat weit mehr Gewalt als nötig aufgewendet wird. Sie bedienten sich ihres willkürlich aus einer Stimmung heraus ausgewählten Opfers, um sich selbst zu begegnen – und kamen offenbar trotzdem nirgends an.

Wie sich das Erlebte denn nun angefühlt habe, wird Sebastian L. bei den Vernehmungen mehrmals gefragt. »Nach nichts«, entgegnet er sinngemäß. So bestürzend sich das anhört, führt es doch ins Zentrum seines Problems. Die Sachverständigen attestieren ihm im Spätsommer, zum Auftakt des Strafprozesses, eine schwere Persönlichkeitsstörung und fehlende Empathie. Die hochexplosive Mischung aus psychopathischen und sadistischen Anteilen lässt ihn bei Gelegenheit Grenzen überschreiten, vor denen andere zurückschrecken. Mehr als achtzig Prozent der Täter aus dieser Risikogruppe, so heißt es im Gutachten, würden auch nach vielen Jahren noch rückfällig. Außerdem habe Sebastian weiter Mordfantasien.

Die Luft ist entsprechend elektrisch, als der »Usedom-Mord« im Gericht verhandelt wird. Franziskas Mutter tritt als Nebenklägerin auf und nutzt ihre Redezeit, um Schmerz und Wut herauszulassen. »Ich vergebe euch nie, ich werde euch immer hassen«, ruft sie den beiden Angeklagten zu.

Andere im Saal ergehen sich in Zwischenrufen und eindeutigen Zeichen. Nicht umsonst hat man zehn, zwölf bewaffnete Uniformierte im Gerichtssaal postiert. Angesichts des geballten Zorns füllt vor allem Sebastian die Rolle des aussätzigen Scheusals umso drastischer aus. Bei den Ausführungen der Anwälte und Richter lächelt er ununterbrochen. Er zeigt den Mittelfinger, als er spontan beschimpft wird. Da habt ihr das Monster, das ihr in mir seht!

Der provokante Angeklagte mit dem Zopf auf dem ansonsten kurz geschorenen Schädel hat sich in der U-Haft offenbar weitere Tattoos stechen lassen. Er vergisst auch nicht zu erwähnen, dass am Hals noch Platz sei für den Namen Franziska. Da schwingt Stolz mit über eine furchtbare Tat, die ihn gleichwohl zu einem Teil der Geschichte von Usedom macht und ihn heraushebt. Zum ersten Mal im Leben im Mittelpunkt – wenn auch nicht mit den Songs, die er noch schreiben wollte, wie er an einer Stelle erwähnt. In dem Sinne ist es die Zerstörung von Franziska, die ihm so etwas wie Identität, ja Bedeutung verleiht, so grotesk sich das zunächst auch anhören mag.

Ende 2019 werden dann die Urteile verkündet. Lutz B. wird nach Erwachsenenstrafrecht mit lebenslanger Haft belegt; der Darstellung seines Anwalts, er habe sich nicht aktiv an der Tat beteiligt, schließt sich das Gericht nicht an. Außerdem wird die besondere Schwere der Schuld betont. Das stellt sicher, dass Lutz nie ohne vorherige forensische Prüfung entlassen werden kann.

Sebastian L. wiederum erhält eine zwölfjährige Jugendstrafe inklusive Feststellung der besonderen Schwere der Schuld sowie die Einweisung in den Maßregelvollzug der Psychiatrie. Es ist der dickste Riegel, den man so einem Straftäter nach Jugendrecht überhaupt vorschieben kann. Wer damit bedacht wird, kommt in aller Regel nie wieder frei – es sei denn als körperlich geschwächter, vorgealterter Mann, der nach Überzeugung mehrerer Gutachter nicht mehr in der Lage ist, vergleichbare Straftaten zu begehen.

Die öffentliche Erregung über den horrenden Fall wird mit den Urteilen wirksam eingebremst: Klappe zu, Monster entsorgt. Man hat den Tätern auch klargemacht, dass ihre Taten auf der untersten Stufe der Zivilisation einzuordnen sind. Dennoch wäre der tiefere Sinn des Strafmaßes für Sebastian zu hinterfragen. Folgt man den Befunden der Sachverständigen, liegen seine psychischen Defizite so sehr im Kern der Persönlichkeit, dass sie sich jedem therapeutischen Zugriff entziehen. Es gibt schlicht keine aussichtsreiche, valide Behandlungsmethode für ihn. Was macht ein nicht therapiebarer Gewalttäter dann aber in den Einrichtungen der forensischen Therapie? Wieso sollte man ohne jede Aussicht auf Erfolg jedes Jahr gut 120 000 Euro, die das kostet, in ihn investieren, statt ihn im deutlich günstigeren Strafvollzug unterzubringen? Übergibt die Justiz der forensischen Psychiatrie damit nicht die unbefristete Verfügungsgewalt über Delinquenten wie Sebastian L.?

Zwischen Stralsund und Usedom aber beschäftigt sich die Öffentlichkeit nach dem abschließenden Prozesstag nicht mehr mit Sebastian und Lutz. Sie hat genug damit zu tun, den Schreck über ihre abstoßende Tat zu verdauen. Wenn so etwas geschieht, wird ja nicht zuletzt das Selbstbild der Provinz als einer kleinen, intakten Welt erschüttert. Die Annahme, dass es sich hier, auf dem Land, vertrauter und geschützter leben lässt als im Häusermeer der tosenden Großstadt, sie ist eben nicht viel mehr als ein frommer Wunsch. Das gilt an der Ostsee genauso wie in Württemberg oder im Münsterland. Hier wie dort sind bisher unauffällige, latent gewaltbereite Menschen, die sich kennen und einander beeinflussen, in einem fatalen Moment in einen Tunnel hineingerannt. Einmal da drin, haben sie links und rechts nichts mehr gesehen.

Blutsschwestern

Während meines Grundwehrdienstes geriet ich an einen Hauptmann der Bundeswehr mit ausgeprägt sadistischen Zügen. Bevorzugt rieb er sich an jungen Soldaten, die Dinge hinterfragten und sich nicht bedingungslos in die streng hierarchische Ordnung einfügen wollten. So bereitete es ihm offenbar ein besonderes Vergnügen, einen ganzen Zug auf dem Truppenübungsplatz antreten zu lassen, um dann einzig den Gefreiten Bausch in Bewegung zu versetzen. Die Versammelten wurden Zeugen, wie ich in der sogenannten kleinsten Gangart, also auf dem Boden liegend, mit dem Gewehr in Vorhalte durch den nasskalten Morast robben musste. Das dauerte so lange, wie es dem Hauptmann gefiel, und zog neben einer gründlichen Waffenreinigung auch schon mal eine fiebrige Harnwegsentzündung nach sich. Darin erkannte der von sich selbst überzeugte Despot einen unverschämten Ausweg, sich den Pflichten eines Rekruten zu entziehen. Also wurde ich, kaum gesundgeschrieben, im Anschluss nur umso mehr getriezt.

Hätten wir uns innerhalb des Zugs darauf verständigt, gegen solche Schikanen aufzubegehren, wären wir theoretisch nicht chancenlos gewesen: Was will ein einzelner Vorgesetzter einer entschlossen auftretenden Gruppe junger Männer schon entgegensetzen? Wegen der ausgeprägten Angst vor etwaigen Sanktionen, die in solchen Systemen der Macht regelrecht gezüchtet wird, kam es jedoch nie dazu. Ein einziges Mal warf sich ein Zweiter aus dem Zug unaufgefordert zu mir in den eiskalten Schlamm, um seine Solidarität zu bekunden. Ansonsten waren die Kameraden nur froh, dass sie von solchen Willkürakten nicht selbst betroffen waren. Und so geschieht es vielleicht überall, wo Menschen vor einer Mauer aus Autorität, Rangordnungen und Verfügungsgewalt stehen: Jeder sieht, wie es einem gehen könnte, wenn man aufbegehrt, und konzentriert sich lieber darauf, die eigene Haut zu retten.

Das große »Seht-ihr-was-dann-passiert« machen sich bis heute feudale oder autokratische Regime zunutze, wenn sie etwa Straftäter öffentlich hinrichten oder abstrafen lassen. In weit subtilerer Form findet es aber auch im Alltag moderner, demokratischer Gesellschaften statt. Überall dort, wo ein einzelner Capo oder eine ganze Führungsriege über andere Menschen zu verfügen sowie zu entscheiden hat. Das kann ein Abteilungsleiter sein, der einen Angestellten vor seinen Kollegen rundmacht. Oder eine Chefredakteurin, die das Manuskript einer Mitarbeiterin in der Redaktionskonferenz vor aller Augen zerreißt. Oder auch ein cholerischer Regisseur, der eine Schauspielerin bei den Proben bis zum Weinkrampf, also in Grund und Boden runterputzt. Wie oft werden da einzelne Menschen von Führungspersonen völlig unangemessen und selbstherrlich kleingemacht, während andere aus ihrer Gruppe nur schweigend die Schultern einziehen.

Meist bleibt es bei psychischer Gewalt, wenn Machtfreaks in ihrer Umgebung ein Exempel statuieren – was alles andere als eine Kleinigkeit ist. Mitunter braucht es aber nur eine ganz besondere Komposition aus mehreren brisanten Elementen, bis so etwas lebensbedrohend oder gar tödlich ausgeht. Dabei ist sehr häufig ein männlicher Alpha-Typ im Spiel, der in seinem Drive nach Dominanz vor nichts zurückschreckt: der berüchtigte Silberrücken, der links wie rechts von ihm alles plattmacht. Gerade in der jüngeren Kriminalgeschichte finden sich jedoch auch Täterinnen, die nicht weniger kompromisslos und ebenso gewaltbereit vorgehen. So wie Monika S. *(Name geändert)*, die 1998 im Zentrum eines aufsehenerregenden Mordprozesses steht – zusammen mit einer ihr bedingungslos ergebenen Assistentin.

Die damals einunddreißigjährige Frau mit den vollen, schwarz gefärbten Haaren hat sich im Juli 1997 zur Regisseurin einer grauenvollen Szenerie aufgeschwungen. Sie findet am Ende eines Waldwegs nahe Silberberg im Bergischen Land statt. Dorthin hat sie sich zu Fuß mit drei weiteren Menschen und einem über hundert Kilo schweren Mastino-Rüden nach einer Fahrt in einem blauen Kleinbus aufgemacht. Auf dem Baumstumpf einer gefällten Rotfichte nimmt sie Platz, um die Exekution fernzusteuern. Das Opfer ist Oliver P. *(Name geändert)*, der ihr zufolge den »grünen Punkt« hat. Es ist ihre Bezeichnung für Mitarbeitende, die mehr kosten als einbringen und folglich »entsorgt« werden müssen. Ausführendes Organ ist die einundzwanzigjährige Gabriele (Gabi) V. *(Name geändert)*, die sich diesen Auftrag mit herausragenden Leistungen verdient hat. Einmal Daumen hoch, einmal Daumen runter: wie das so geht in einer Branche, die viel von einer Subkultur hat.

Oliver musste sich auf dem Weg hierhin vollständig entkleiden und seine Sachen in einen Müllsack stecken. Anschließend versiegelte ihm Gabi mit einem Klebeband den Mund. Nun hat der dreiundzwanzigjährige Mann sein eigenes Grab auszuheben. Während der mehr als zwei Stunden, die das insgesamt dauert, bearbeiten ihn die junge Frau und Uwe N. *(Name geändert)*, Monikas gehorsamer Liebhaber, immer wieder mal mit Fußtritten. Außerdem herrscht Uwe den nackten Mann mit der Schaufel zwischendurch an: »Leg dich rein, ob's passt.« Dann fordert die Chefin ihre beste Mitarbeiterin auf, das Opfer, das längst keinen Widerstand mehr leistet, weiter zu quälen. Also erhitzt Gabi mit einem Feuerzeug einen mitgeführten Rübenstecher und stößt ihn in den Hintern des jungen Mannes. Anschließend ritzt sie mit einem Wurfmesser mehrere Kreuze in seinen Rücken.

Endgültig fatal wird diese Orgie der Gewalt, als Monika S., die währenddessen Schokolade knabbert und etliche Polaroids vom Geschehen einschließlich mehrerer Selfies macht, ihrer Assistentin zwei kurze Sätze zuruft, wie diese später vor Gericht schildern wird. Der erste lautet: »Ich schenk ihn dir.« Der zweite: »Du machst es.«

Das ist der Moment, in dem Gabi das Opfer fesselt und ihm befiehlt, sich mit erhobenen Armen neben die Grube zu legen, während sie erneut zum Wurfmesser greift.

»Glaubst du, du stirbst jetzt?«, fragt sie noch. Oliver P. schüttelt wohl den Kopf. Darauf sagt Gabi: »Du stirbst jetzt.« Dann sticht sie zu.

Pressevertriebsagenten, so heißen offiziell die Menschen, die bis kurz nach dem Millennium von Haustür zu Haustür gehen und Abonnements für populäre Zeitschriften verkaufen. *Hörzu* und *Stern, Focus* und *Spiegel, Merian* und *Geo*. Im wirklichen Leben werden sie Drücker genannt. Die Kolonnen, in denen sie ganze Landstriche, Ortschaften und Städte abgrasen, rekrutieren sich aus einem wilden Gemisch. Es sind in aller Regel Männer und Frauen ohne Berufsausbildung und Schulabschluss, soziale Drop-outs, ehemalige Häftlinge und sonstige Quereinsteiger, die hier eine zweite oder dritte Chance suchen. Das ist nicht aussichtslos, denn an der Schwelle zum Kunden werden ihre Handicaps oft zum Türöffner. Da tragen sie eingepaukte, in der Regel erfundene Kurzbiografien vor, die auch skeptische Herzen erweichen. Dann fühlt sich die neue Abonnentin oder der neue Abonnent wie eine kleine Mäzenin oder ein kleiner Mäzen, und die Kolonne streicht in etwa den Gegenwert eines Jahresabos ein.

Wie viel er davon abbekommt, weiß der einzelne Drücker oft nicht genau. Die Kosten für die Unterkünfte in billigen Hotels oder angemieteten Wohnungen, die für ihre Touren nötig sind, werden vom Monatslohn gleich wieder abgezogen. Ebenso die Kosten für Verpflegung unterwegs. Es geht eben zu wie einst bei Hilfskräften auf einem Hof oder Zugehleuten im Haus einer Herrschaft, und wer daran etwas auszusetzen hat, bekommt vom Kolonnenführer eher keine schriftliche Abmahnung, sondern gleich mal »eine rein«. Oder er findet sich ganz schnell allein auf der Straße wieder. So hält es jedenfalls Martin C. *(Name geändert)*, ein knallharter Chef von eigenen Gnaden, der in

Baden-Württemberg über zwanzig Jahre hinweg eine Kolonne befehligt. Die Gewinne, die dabei herausspringen, machen ihn so fett, dass er sich nach der Amputation eines Unterschenkels nur noch im Rollstuhl bewegen kann – für eine Prothese ist er zu massiv. Im gleichen Stil geht nach seinem Tod dessen langjährige Geliebte Monika S. vor, die bald die vakante Stelle einnimmt.

Die im Siegerland aufgewachsene Frau hat sich die Mechanismen der Dominanz vom Verstorbenen gründlich abgeguckt – und wendet sie nun genauso bedingungslos an. In ihrer Handtasche ist ein verchromter Revolver, und wenn sie unterwegs ist, liegt ein pinkfarbener Baseballschläger mit weißen Sternchen griffbereit im Wagen. Sie straft die Erfolglosesten in der Kolonne häufiger durch Schläge mit einem Nietengürtel ab, und dann ist da auch noch Hector: der schiefergraue Mastino-Hund, den sie kompromisslos erzogen hat. Im Uncle Sam, ihrer Lieblingskneipe im Westerwald, schrecken Augenzeugen zusammen, wenn sie mitansehen, wie sie dem Tier in regelmäßigen Intervallen mit der Faust auf die Nase schlägt. Doch eine andere Sprache gibt es nach ihrer Auffassung nicht, um männliche Bestien im Zaum zu halten. Ihr Motto heißt: »Eins aufs Maul, und dann wieder lieb.« Nicht umsonst wird sie außer Hörweite hin und wieder Lady Kalaschnikow gerufen.

Es gibt Leute, die sie anders in Erinnerung haben. Mit sechzehn ist Monika S. noch ein blondes, argloses Mädchen, das nach der Schule eigentlich Friseurin werden will. Stattdessen schlittert sie Hals über Kopf in eine Ehe, bekommt mit neunzehn schon das dritte Kind. Der ach so nette, unauffällige Mann mit der Kassenbrille zieht sie bald in eine Rockerclique hinein. Beide tragen Jeanskutten mit Totenschädel über der Lederjacke, beide überfallen 1990 zwei Supermärkte, nehmen einen Filialleiter als Geisel und fliegen auf. Er kriegt neun Jahre, sie neun Monate auf Bewährung; die Kinder landen in einem Internat bei Koblenz. Spätestens jetzt wird Monika wohl von dem Gedanken beherrscht, dass sie sich allein behaupten muss. Nur biegt sie auf dem Weg zum erklärten Ziel, unabhängig und vermögend zu werden, ein paar Mal falsch ab.

In Neuwied kommt Monika bei einer Domina unter, die ihre männlichen Kunden schmerzfrei abkassiert. Ob sie sich selbst irgendwann aktiv in den Service eingebracht hat, weiß man nicht mit Sicherheit. Dann jobbt sie nacheinander in einem Erotik-Shop, bei einem Escortservice im Westerwald, als Schlammcatcherin sowie einmalig als Darstellerin in einem Billig-Porno. In diesen schrillen Halbwelten muss sich eine junge Frau stark machen, um nicht unterzugehen. So wirkt ein Foto, das sie etwa in dieser Zeit von sich machen lässt, wie ein Programm. Darauf posiert Monika in weißen

Strapsen und Dessous mit zwei Pistolen in den Händen, die sie vor der Brust kreuzt; ihr Blick sagt: Hier bestimme ich. Es könnte das Plakat für einen Actionfilm sein, irgendwo zwischen James Bond und Lara Croft.

Alte Freunde mögen sich wundern, wie unterkühlt und beherrscht diese Frau inzwischen wirkt. Doch so ist sie in gewisser Weise schon vorbereitet, als sie an Martin C. gerät, den skrupellosen Waffenfetischisten und Drückerkönig, der sich im Grunde leicht lenken lässt – und noch leichter beerben. Zu wissen, welche Knöpfe man bei solchen Typen drücken muss, ist in diesem Milieu eine Frage des Überlebens.

Monika S. avanciert also zur Nr. 1, indem sie Strategien männlicher Dominanz verinnerlicht. Sie ist absolute Herrin über eine Kolonne von Männern und Frauen, die bisher wenig erreicht haben – sonst müssten sie nicht von Tür zu Tür gehen. Wie Martin C. verteilt sie Gunst oder Verachtung streng nach Leistungsprinzip. Wer viele Scheine macht, wie das im Jargon heißt, bekommt von ihr abends Essen und sämtliche Drinks bezahlt. Wer wenige Scheine macht, hat dagegen wenig zu lachen und wird vor den anderen geprügelt und erniedrigt. So wie Oliver P., für den die Chefin bei einer Vermittlungsfirma 1500 DM bezahlt hat. Der junge Mann mit den rotblonden Haaren ist nach einer verheerenden Familiengeschichte ohne jedes Selbstwertgefühl und wird verlegen, sobald er sprechen soll.

Außerdem kann er die fingierte Vita – vernachlässigter Sohn einer Trinkerin – einfach nicht auswendig lernen, obwohl er mehrfach dazu verdonnert wird, sie zigmal abzuschreiben.

Ganz anders Gabi V. Die Einundzwanzigjährige mit dem pummeligen Gesicht unter den burschikosen Haaren hat schon in der Kolonne von Tibor L. *(Name geändert)*, einem Freund von Martin C., die meisten Abschlüsse gebracht. Sie kriecht an der Tür förmlich in andere hinein, weil sie selbst kaum Persönlichkeit besitzt. Das hat sie zu Tibors Liebling, aber ungefragt auch zum persönlichen Eigentum in dessen Eigenheim gemacht. Wenn der ehemalige Rocker eine Fahrradklingel betätigt, muss sie umgehend zum Oralsex erscheinen. Wenn er beschließt, dass sie jetzt seine Ehefrau wird, dann ist das so. Wenige Tage vor dem Termin beim Standesamt aber setzt sich Gabi dann doch von dem Boss und seiner Kolonne ab. Sie flüchtet zusammen mit einer Freundin zu der Frau mit dem bulligen Mastino, die sie kurz zuvor bei Martin C.s Beerdigung kennengelernt hat, und wechselt in deren Kolonne. Das abgelegene Haus im Westerwald, das diese bewohnt, nimmt sie gern in Kauf: Hauptsache in Sicherheit vor Tibor L. und einem etwaigen Racheakt.

So eine will so schnell wie möglich beweisen, dass sie den Schutz und die Förderung durch die Chefin verdient hat. Deshalb macht sie auch hier wieder die meisten Scheine, steigt in kürzester Zeit zur Kolonnenleiterin auf. Und deshalb schreibt sie ihrem Vorbild auch Briefe, sobald sie befürchtet, dass das Band zwischen ihnen dünner werden könnte. Briefe, die beim Prozess noch eine Rolle spielen und im Gericht vorgelesen werden.

»Gerade hast du mich gefragt, ob ich dich noch mag«, heißt es da etwa. Und weiter: »Das weißt du doch ganz genau. Du bist mein Zuhause, du bist mein Leben. Du bist der erste Mensch, der so viel Geduld mit mir hat. Du gibst mir die Chance, mich zu ändern. Ich mag dich ganz doll, dein Mistvieh Gabi.«

So eine legt sich auch nicht für einen Versager wie Oliver ins Zeug, als die Kolonne zu ihrem Geburtstag gerade im Kreis Gummersbach ist. Nachdem ihr die Chefin tatsächlich ein Meerschweinchen geschenkt hat, bekommt Oliver zum Abend einen Teller Würmer vorgesetzt. Den muss er vor aller Augen verzehren, so wie Monika S. es zwei Tage zuvor in einer der letzten Folgen der ZDF-Krimiserie *Faust* gesehen hat. Darin schleust sich der von Heiner Lauterbach verkörperte Hamburger Kommissar in die Drückerszene ein, um einen Mord im Milieu aufzuklären. Und trifft schnell auf Reuter, gespielt von einem gewissen Joe Bausch, der die Erfolglosesten in seiner Kolonne mit widerwärtigsten Methoden schikaniert. Auf diese Weise eilt der wirkliche Horror dem fiktiven für dieses Mal hinterher.

»Da seht ihr, was mit schlechten Drückern passiert«, soll Monika gesagt haben, während sie das Ganze auf Polaroids festhielt. So wird Gabi es jedenfalls vor Gericht schildern. Wie damals auf dem Kasernenhof in Fritzlar schauen die anderen nur betreten zu – heilfroh, dass der Kelch erst mal an ihnen vorübergeht.

Zwei Tage darauf dann die grausame Szene am Silberberg, in der Oliver endgültig »entsorgt« werden soll. Wer könnte nach allem, was bisher geschehen ist, allen Ernstes davon ausgehen, dass Gabi V. nicht den Willen ihrer vorbehaltlos bewunderten Herrin vollstreckt? Sie holt mehrfach mit dem Wurfmesser aus, rammt es dem Gefesselten in die Brust und wirft ihn in die ausgehobene Grube, um ihn anschließend zu begraben. Weil er noch röchelnde Laute von sich gibt, schlägt sie dem Sterbenden mit geschlossenen Augen dann auch noch zweimal mit der Schaufel auf den Schädel. Der erste Gedanke danach gilt schon wieder der Chefin: »Hab ich's gut gemacht, Monika?«

Es passt zu Olivers trostlosem, kurzem Leben, dass ihn nach dessen Tod niemand vermisst. Die Kollegen aus der Kolonne halten dicht, und ihm nahestehende Menschen hat es in Hamburg, wo er herkommt, offenbar nie gegeben. Also wandert er erst mal ins Schattenreich all jener Seelen, die spurlos verschwinden. Tag für Tag werden auf deutschen Polizeistationen bis zu dreihundert Menschen als vermisst gemeldet. Jeder zweite

Fall klärt sich nach einer Woche auf; vier von fünf Fällen lassen sich innerhalb eines Monats *ad acta* legen. Dennoch bleiben der Statistik zufolge rund hundert Personen auch nach einem Jahr unauffindbar. Ihre Namen bleiben dreißig Jahre im Register, dann sind sie offiziell nicht mehr existent.

Das sind nur die gemeldeten Fälle. Hinzu kommt eine Dunkelziffer – meist aus gutem Grund. So wie die halblegalen Zeitarbeiter aus Polen, Albanien oder Moldawien, deren Leichen nach einem tödlichen Unfall auf der Baustelle schon mal in den Beton gemischt werden. So eine Prozedur erspart umständliche Fragen. Oder die nicht sesshaften unter den etwa fünfzigtausend Obdachlosen im Land, die irgendwo alkoholisiert ins Wasser kippen und Monate später an einer Schleuse oder sonst wo auftauchen, kaum noch identifizierbar. Oder eben Opfer von Gewalttaten wie Oliver P., deren Leichen man so gründlich entsorgt, wie es nur irgend geht.

Vielleicht wären Monika S. und Gabriele V. also nie für ihre abstoßende Gewalttat vor Gericht gestellt worden, hätten sie der ersten Hinrichtung nicht sechsundsechzig Tage später eine zweite folgen lassen. Sie trifft Tibor L., den Gabi zusammen mit Ingo *(Name verändert)*, einem Mann aus ihrer Kolonne, in dessen Haus bei Aalen aufsucht. Damit helfen sich die beiden gegenseitig. Gabi fürchtet immer noch den langen Arm vom ehemaligen Boss, der inzwischen an Krücken geht, und

Monika braucht dringend frisches Geld für ihren Lebensstil; von der Drückerkolonne allein kommt schon länger nicht mehr genug herein. Also lenkt sie ihre beste Mitarbeiterin wieder fern, während sie selbst in Gummersbach bleibt: Nimm Bargeld, Schmuck und Waffen aus dem Haus mit, sobald du mit ihm fertig bist; und versuch mal, ein paar seiner Leute abzuwerben.

»Sie sagte zu mir, ich soll ein Kissen vor die Pistole halten, damit es nicht so laut ist«, wird Gabi später im Prozess erzählen. »Anschließend sollte ich in die Küche gehen, da gäbe es Schubladen, wo Besteck drin wäre, ich wisse schon, was sie meine – ein Messer. Mit dem sollte ich gründlich arbeiten …«

So in etwa geschieht es dann auch in der Nacht zum 28. September 1997. Gabi erschießt L., sobald er ihr den Rücken zudreht, mit einem verchromten Revolver; sie feuert insgesamt vier Schüsse auf ihn ab. Drei Kugeln treffen ihn im Kopf. Anschließend holt sie ein Filetiermesser hervor, sticht dem Opfer mehrfach in den Körper und schneidet ihm schließlich die Kehle durch. Danach kommt alles, was sie an Wertgegenständen mitnehmen will, in einen großen Seesack, den Ingo in dem Fiat-Kleinbus verstaut.

Vielleicht hätte Gabi auf die drei Handys aus L.s Besitz besser verzichtet, und ganz sicher hätte Monika mit ihnen nicht auch noch telefonieren sollen. So hat die Aalener Sonderkommission leichtes Spiel, das kriminelle Duo aufzuspüren. Monika S. wird wenige Tage nach der Tat irgendwo bei Frankfurt festgenommen. Sie führt die Polizei zum Gummersbacher Hotel, in dem Gabi V. auf sie wartet. Das junge Mädchen kommt freiwillig aus ihrem Zimmer und sagt: »Mach dir keine Gedanken. Ich muss da durch.«

Noch vor Ort nehmen die Ermittler Monika einen Koffer mit Zahlenschloss ab. Darin finden sich ein paar Abo-Scheine, die Tatwaffe und eine Reihe von Polaroids. Sie halten die Folter und Exekution eines rotblonden, entkleideten jungen Mannes durch eine junge Frau fest. Außerdem taucht da eine andere, dunkelhaarige Frau auf, die mit einem Riesenhund zu ihren Füßen auf einem Baumstumpf sitzt. Sie sieht aus wie Monika S.

So löst die Aalener Soko nicht nur einen, sondern gleich zwei unglaubliche Fälle, und Harald Stephan, der leitende Oberstaatsanwalt für den Prozess gegen beide Frauen, muss sich vor dessen Eröffnung mehr als ein Dutzend Schnappschüsse ansehen, die seine Vorstellungskraft sprengen. »Es war das Schrecklichste, was ich in meinem Berufsleben gesehen habe«, lässt er sich bald in der Presse zitieren.

Alle größeren Medien haben ihre eigenen Beobachterinnen und Beobachter positioniert, als im Mai 1998 der sogenannte Drückermordprozess beginnt. Für viele Zeitungsverlage ist es auch ein Blick in den Spiegel. Sie werden jetzt mit der Nase in die obskure Hinterhofwelt hineingestoßen, von der sie ihre Abonnentenkarteien boostern ließen. Man schaut nicht gern genauer hin, wo einem Böses schwant.

Die Verhandlungen werden von dem Geschacher um die Verantwortung für die beiden Morde zwischen den angeklagten Frauen beherrscht. Gabriele V. hat ein umfassendes Geständnis abgelegt, betont allerdings immer wieder, strikt im Auftrag von Monika S. agiert zu haben. Wenn die zehn Jahre ältere Chefin ihr etwas aufgetragen habe, sagt sie, »dann war das Gesetz«. Das galt offenbar auch für die Folterung und Ermordung von Oliver P. Eine Tat, nach der sie zwei Tage hindurch geheult habe und zwischendurch zu Monika ins Bett gekrochen sei.

»Ich wusste, dass es lebenslang bedeutet«, gibt sie mit dünner Stimme zu Protokoll, »aber ich habe weitergemacht. Ich war nicht ich selbst.« Und an anderer Stelle: »Ich würde am liebsten alles ungeschehen machen. Bis heute verstehe ich nicht, wie ich das tun konnte.«

Monika S. gibt dagegen nur so viel Boden preis, wie sie muss. Die Hinrichtung am Silberberg sei ihr zufolge eine Art Experiment gewesen, um Olivers Schmerzgrenze auszuloten: »Wir wollten den doch nur erschrecken, damit er besser Scheine macht«, versichert sie unter Tränen. »Das war nur ein Indianerspiel. Wir haben nur gewartet, dass er sagt, hört auf. Aber der hat gar nichts gesagt. In dem Moment ist die Frau V. abgedreht …« Die Polaroids habe sie außerdem nur gemacht, um dem Opfer Angst einzujagen.

Da stehen eben zwei Täterinnen mit einem recht unterschiedlichen Härtegrad vor dem Richter, wie der psychiatrische Gutachter konstatiert. Hier die starke, selbstverantwortete Persönlichkeit der Monika S., die eine völlig normale Kindheit hatte. Dort die »dependente Persönlichkeit narzisstischer Prägung« von Gabi V., die ihre ungestillte Sehnsucht nach Liebe und Anerkennung auf die bewunderte Chefin projiziert. Ein halbes Kind, das von früh auf gedemütigt und bloß aus unverdienter Gnade großgezogen wurde. Denn am liebsten hätte die überforderte Mutter die Nr. 4 unter ihren Kindern bald nach der Geburt in einer Regentonne ersäuft, wie sie öfter erzählt.

In dieser Familie, die bald ohne Vater auskommen muss und häufig umzieht, geht es ruppig zu. Dort wird das Mädchen nicht Gabi, sondern Goggo genannt und hat die Prügel ihrer Brüder klaglos hinzunehmen. Da gilt es schon als kleines Wunder, dass sie in Nordfriesland eine Lehre als Hotelfachfrau erfolgreich abschließt und die Torfrau in einer Fußballmannschaft gibt. Ein eigenständiger Weg wird ihr trotzdem nicht zugestanden. Stattdessen muss sie einem der Brüder nach Rostock folgen, der da bald nach der Wiedervereinigung den großen Unternehmer spielt – und kläglich scheitert. Sie bringt ihren letzten Mut auf, um sich aus seinem brutalen Regiment in ein Frauenhaus zu flüchten, und lässt sich davon auch nicht abbringen, als er ihr Schlägertrupps hinterherschickt.

Sieben Monate später schlüpft Gabi doch wieder bei der Mutter unter, wo sie nun zumindest geduldet wird. Aber sie will immer noch raus aus dieser engen Welt. Da erscheint ihr eine Zeitungsannonce wie eine Einladung mit Blümchen: Man sucht »junge Leute« für einen »leichten Job«, der angeblich 800 DM. pro Woche einbringt. Also setzt sich Goggo alias Gabi grußlos ab, um so etwas wie ihr eigenes Glück zu finden – und landet mitten in der Drückerkolonne des berüchtigten Tibor L.

Gabis devote Art und Monikas rigides Empowerment: Gegensätzlicher kann man sich zwei Antworten auf eine von toxischen Männern beherrschte Welt kaum vorstellen. Im Sommer 1997 aber sind diese Ingredienzen in einem Gefäß zusammengekommen; die hochexplosive Reaktion hat zwei Leben ausradiert. Diese Erklärung reicht am Ellwanger Schwurgericht allerdings nicht aus, den Anträgen der Verteidiger auf eng befristete Haftstrafen stattzugeben. Dort werden Monika S. und Gabriele V. jeweils zu lebenslanger Haft verurteilt – mit dem Unterschied, dass Monika wegen der besonderen Schwere der Schuld nicht mit einer Freilassung nach fünfzehn Jahren rechnen kann.

Für Monika S. stellt das keine zusätzliche Härte dar. Sie ist zu dem Zeitpunkt bereits HIV-positiv und hat nur noch wenige Jahre zu leben. Für Gabriele V. bedeutet die Einweisung in den geschlossenen Vollzug nicht zuletzt eine Form der Sicherheit. Hier kann sie zur Ruhe kommen, ohne sich latent bedroht zu fühlen. In dem Sinne lässt sich ihr Stuttgarter Anwalt bereits vor dem Prozess in einem deutschen Nachrichtenmagazin zitieren. »Es klingt vielleicht merkwürdig«, sagt er da, »aber sie scheint sich ganz wohl dort zu fühlen. Sie wird inzwischen als Mensch respektiert. Es geht ihr gut.«

Etliche Details der beiden Morde, die in den Berichten über den Prozess zum Vorschein treten, kann man nur als horrend bezeichnen. Sie rufen die Erinnerung wach an eine Feststellung, die Dr. Nahlah Saimeh, eine der renommiertesten forensischen Psychiaterinnen in Deutschland, fast zwanzig Jahre später trifft. »Manche Taten sind so extrem, dass man einen Krimi mit demselben Inhalt vorwerfen würde, er sei unglaubwürdig«, sagte sie 2018 in einem Interview mit der *Süddeutschen Zeitung*. Dennoch werden sie nach ihrer Erfahrung von »Menschen mit ganz unterschiedlichen Kompetenzen und Biografien« begangen. »Taten können monströs sein«, lautete daher ihr Fazit, »deshalb sind die Täter aber keine Monster.«

Das kollektive Grauen wird eher noch größer, wenn nicht eine Bande von notorischen Schwerverbrechern, sondern wie in diesem Fall zwei jüngere Frauen die Gewalttaten begehen. Es mag zum althergebrachten Rollenbild gehören, dass weibliche Täter eher als Giftmischerinnen oder mittelbare Anstifterinnen erwartet werden und dass sich ihre Opfer aus dem persönlichen Umfeld rekrutieren – als Folge einer Beziehungstat. Doch zum einen geht die Anzahl von Giftmorden in der Kriminalitätsstatistik seit Längerem deutlich zurück. Zum anderen gibt es objektiv ohnehin keinen Grund, warum die Gefühle und Motive, die solchen Taten vorausgehen – Wut und Hass, Revanche und Gier, Konkurrenz oder pure Aggression etc. –, nicht auch Frauen dazu bringen sollten, in einer brisanten Konstellation die innere Grenze zu überschreiten.

Es fällt vielleicht etwas leichter, wenn sie sich mit anderen Frauen zusammentun. Im Zusammenschluss lassen sich etwaige physische Nachteile gegenüber Männern kompensieren. Gleichzeitig entsteht hier der gleiche Sog, der auch in Männerbünden die latente Gewaltbereitschaft verstärkt. Das gemeinsame Projekt wird eine Verabredung, auf die man einzahlen muss – Zweifel wären ein Zeichen von Schwäche. So registrierten die Polizeibehörden bald nach dem Millennium in allen Bundesländern einen deutlichen Anstieg junger weiblicher Straftäter. Vor allem Banden von Teenagern und jungen Frauen spielen dabei offenbar eine gewichtige Rolle.

»Sie fühlen sich gemeinsam stärker und schlagen, prügeln und töten mit der gleichen Härte und Grausamkeit wie ihre männlichen Verbrecherkollegen«, heißt es in einem Bericht der *Welt am Sonntag* dazu. Darin kommt auch der Iserlohner Kinder- und Jugendpsychologe Arnd Stein zu Wort. Er hat registriert, dass Mädchen und junge Frauen sich zunehmend »typisch männliche Anteile« wie Durchsetzungsfähigkeit und »Ellbogenfreudigkeit« aneigneten; dadurch werde der Weg von der Verbalaggression zur Gewalttat immer kürzer.

Diese Expertise ist nicht von ungefähr eingeholt worden. Etwa zur gleichen Zeit wird an der Jugendkammer eines Thüringer Landgerichts ein Raubmord verhandelt, der ganz Mitteldeutschland bewegt und die Menschen weit darüber hinaus erschüttert.

Es ist Mitte Mai, als ein Förster in einem Waldstück nahe dem Harz die Leiche eines Mannes entdeckt, versteckt unter einem Haufen Zweige. Sie wird zweifelsfrei Sven B. *(Name geändert)* zugeordnet, einem sechsunddreißigjährigen gelernten Elektriker aus Hessen. Der ist am Vorabend noch sehr lebendig im Anyway gesehen worden, einer im ganzen Kreis bekannten Disco, die er gegen drei Uhr nachts verlassen hat. Ein fröhlicher Tänzer, ein fröhlicher Trinker. Jetzt weist sein Körper insgesamt achtundzwanzig Stichverletzungen auf. Am Hals findet sich außerdem ein Hosengürtel, mit dem er zusätzlich stranguliert worden ist.

Erste Vernehmungen von Zeugen, die wie das Opfer in der Disco waren, erbringen wenig Konkretes. Dann wird innerhalb weniger Stunden am selben Bankautomaten zweimal Bargeld vom Konto des Verstorbenen abgehoben. Das bringt die Polizei darauf, dort eine versteckte Kamera anzubringen. Die Hoffnung auf Erfolg wird allerdings immer kleiner, je mehr Tage vergehen. Das ist leicht nachvollziehbar: Wer ist schon so dumm, dreimal in Folge dieselbe Stelle anzuzapfen?

Am fünften Tag jedoch wird genau hier tatsächlich wieder Geld abgehoben. Die Ermittler identifizieren die einundzwanzigjährige Claudia G. *(Name geändert)*, die sich in Begleitung eines Freundes bedient, und observieren sie von nun an. So stoßen sie in kürzester Zeit auch noch auf die gleichaltrige Jenny W. *(Name verändert)*, die zwanzigjährige Angela F. *(Name verändert)* und die neunzehnjährige Katrin Z. *(Name verändert)*. Alle vier sind aus bürgerlichen Familien im Ort, haben Berufsausbildungen früh abgebrochen und sind ohne Beschäftigung. Vor einiger Zeit haben sie mit kleinen Tricksereien und Diebstählen versucht, irgendwie an Geld zu kommen. So erzählt es Katrin, die bei den Verhören als erste der Verdächtigen einbricht und ein bestürzendes Geständnis ablegt.

Das unheimliche Quartett hatte sich für die Nacht

im Anyway einen besonderen Coup ausgedacht. Sie wollten sich einen Typen ausgucken, den sie aus der Disco heraus in die dunkle Landschaft locken konnten, um ihn da komplett auszurauben und anschließend fertigzumachen. Zu dem Zweck hatten sie in Katrins Auto schon ein Messer bereitgelegt sowie einen speziellen ätzenden Cocktail aus Nagellackentferner, Rohrreiniger und Fensterputzmittel. Alles zusammen sollte zum gewaltsamen Tod das Opfers führen, das auch einziger Zeuge sein würde.

Was die vier jungen Frauen dem als spendabel geltenden Sven B. versprochen haben, dem sie hier schon mehrfach begegnet sind, wird nicht bekannt. Es ist aber verlockend genug, dass er sich an der Bar zu der nächtlichen Tour überreden lässt. Zwei der Girls nimmt er in seinem Audi mit; die beiden anderen fahren in Katrins Auto hinterher. Auf dem kleinen Waldweg entpuppt sich der große Spaß jedoch als mörderische Falle. B. muss anhalten und aussteigen. Er wird mit einem vorgehaltenen Messer und Fußtritten genötigt, seine Brieftasche abzuliefern; darin sind 400 DM und seine EC-Karte. Sobald er den Zahlencode verraten hat, flößen ihm die jungen Frauen den Cocktail ein. Dann sperren sie ihn zum Sterben in den Kofferraum seines Wagens.

So schnell ist Sven jedoch nicht tot. Er versucht sogar noch zu türmen, als nach einer Weile die Klappe des Kofferraums aufgeht und man nach ihm sieht. Aber seine Peinigerinnen holen ihn schnell wieder ein, und dann beginnt ein regelrechter Gewaltexzess. Wie entfesselt stechen die jungen Frauen auf ihn ein; sechsmal treffen sie sein Herz, zweimal die Lunge. Schließlich greift Claudia sich auch noch seinen Gürtel, um ihn damit zu erdrosseln. Es ist der Rausch von blutigen Anfängerinnen, die sich aufs Morden nicht verstehen. Deshalb ist davon auszugehen, dass Sven B. in seiner letzten Nacht lange gelitten hat.

Einer Darstellung zufolge hat der Mann aus Hessen seine Entführerinnen in Rage gebracht, weil er ihnen eine falsche Geheimnummer für seine EC-Karte gab – sei es aus Panik heraus oder aus Selbstschutz. Das fiel an Ort und Stelle auf, weil eine von ihnen umgehend mit Katrins Auto zum nächsten Bankautomaten fuhr – und mit leeren Händen zurückkam. Nach einer anderen Darstellung hatte sie die vierstellige Nummer nicht erinnern können. Wie auch immer: Die Tatsache, dass es ihnen bald doch gelang, sich über die Karte zu bedienen, hat nur der Polizei in die Hände gespielt. So müssen sich alle vier ein halbes Jahr später vor einer Jugendkammer für einen der furchtbarsten und stümperhaftesten Raubmorde im jungen Millennium verantworten.

Die Verteidigung der Angeklagten gibt sich redlich Mühe, die Gewalttat als Ergebnis eines tragischen Zusammenwirkens situativer Faktoren darzustellen. So führt die Anwältin von Jenny W. aus, dass ihre Mandantin im Allgemeinen »ruhig und sehr lieb« sei. Nur: »Gruppendynamik hat eine Rolle gespielt.« Darüber hinaus bestreiten jetzt mehrere der jungen Frauen entgegen früheren Aussagen vor dem Haftrichter, die Tat vorher geplant zu haben. Genau davon bleibt die Staatsanwaltschaft aber fest überzeugt – und hebt die »grauenhafte Scheußlichkeit der Tat« hervor. Für sie sind alle vier Angeklagten auch voll schuldfähig.

Am Ende von fünf Verhandlungstagen vor durchweg vollbesetztem Saal werden Claudia und Jenny, die beiden Einundzwanzigjährigen, Mitte Dezember zu lebenslangen Freiheitsstrafen verurteilt. Die zwanzigjährige Angela und die neunzehnjährige Katrin, die sich an den Handlungen nicht beteiligt hat, erhalten acht bzw. drei Jahre Jugendhaft. Beobachter sprechen von einer »gerechten Antwort auf eine brutale Tat« (*Main-Post*). Gleichwohl bleibt eine gewisse Erschütterung zurück. Das Leben von Sven B. ist auf dem Altar von vier sehr kurzfristigen Mädchenträumen geopfert worden: ein paar Tage oder Wochen genug Geld haben, um sich gut und sorgenfrei zu fühlen. Da schwingt viel Frustration mit – aber eben auch ein längerer Prozess der Verrohung mitten in der Zivilgesellschaft.

Es sind eben oft viele tiefgreifende Defizite im Spiel, wenn Menschen zu brutalen Täterinnen und Tätern werden. Das ist auch die Erfahrung, die Dr. Nahlah Saimeh in Tausenden von Gesprächsstunden als forensische Psychiaterin gemacht hat. »Gewalttäter erscheinen oft stark«, hat sie im Interview mit der *Süddeutschen Zeitung* bilanziert. »Aber viele agieren aus innerer Schwäche heraus … Unter dem Brennglas betrachtet, ist Gewalt deshalb oftmals nichts anderes als biografisches Scheitern.«

Bis dass ein Tod euch scheidet

Ein Wochenende ohne fahrbaren Untersatz kann im Westerwald schnell zu einem Problem werden; das weiß ich aus eigener Erfahrung. Die Bahnen und Busse in den nächstgrößeren Ort stellen ihre Dienste auch heute noch ausgerechnet dann ein, wenn junge Leute sich erst mal in Schale geworfen haben und die Diskotheken sich allmählich füllen. Wer da kein Auto hat, muss entweder zu Hause bleiben und sich mit einer Tüte Chips beim *Aktuellen Sportstudio* amüsieren – oder er kriegt einen »Lift«. Das war unsere Sprachregelung für eine Mitfahrgelegenheit, die man sich irgendwie organisieren musste. Entweder vorab, was die sichere Variante war, oder später, im festen Vertrauen darauf, dass sich im Laufe der Nacht schon eine Möglichkeit ergeben würde.

Wir dürfen also davon ausgehen, dass Marion und Sandra *(Namen geändert)* in jener Samstagnacht im Herbst Mitte der 1990er-Jahre, die eigentlich schon ein

Sonntagmorgen ist, erleichtert sind. Als sie gegen drei Uhr das Sugar verlassen, haben sie keinen Plan, wie sie von der Diskothek in Montabaur in ihr Dorf zurückgelangen können. Ein letzter Trick besteht immer darin, sich auf den Parkplatz zu stellen. Dort geht immer mal jemand zu seinem Auto, den man ansprechen kann und halbwegs kennt. Doch heute läuft es, wie es scheint, noch besser. Die siebzehnjährigen Schülerinnen werden von einer Frau angesprochen, die mit ihrem Mann gerade loswill. Die beiden haben einen älteren Opel und wohl denselben Weg.

Nur kommen die Mädchen nie zu Hause an. Zwei Tage lang gelten sie als vermisst, dann werden ihre nackten Leichen vierzig Kilometer entfernt in einem Waldstück entdeckt. Sie sind nur notdürftig unter einem Haufen Laub und Zweigen versteckt. Die eine weist rot verfärbte Unterblutungen und sehr viele Schnittverletzungen im Brustbereich sowie Hämatome und etliche Stichverletzungen auf; die andere wurde ebenfalls gewaltsam an den Brüsten, vor allem aber im Schambereich schwer verletzt. Der Gerichtsmediziner wird bei der Obduktion stark geschwollene äußere Schamlippen wie nach einer massiven, gewaltsamen Quetschung konstatieren.

Hier haben zwei junge Frauen lange leiden müssen, so viel steht fest. Aber mehr kann die Polizei nicht herausfinden. Es gibt keine Zeugen, die irgendetwas am

Parkplatz der Disco, irgendwo unterwegs oder am Ablageort der Leichen gesehen haben. Und es gibt keine weiteren Spuren oder eindeutigen Verdachtsmomente, obwohl die Nachricht von dem grausigen Fund die ganze Region mobilisiert. Wie immer in solchen Fällen wollen jetzt ganz viele etwas gesehen oder gehört haben, aber konkrete Hinweise fehlen. Also werden nach einigen Monaten vergeblicher Ermittlung die Akten erst einmal geschlossen.

Sechs Jahre lang bleiben die »Discomorde von Montabaur« ein Cold Case im Register des Landeskriminalamts von Rheinland-Pfalz. Eines von mindestens zwei- bis dreitausend ungeklärten Tötungsdelikten in einer bundesweiten Datei, die nicht mal von allen Ländern regelmäßig gefüttert wird. Bis die Akte routinemäßig auf Wiedervorlage kommt. Die Spezialisten im LKA gehen dann noch einmal die Ermittlungsergebnisse durch, in der Hoffnung, auf ein übersehenes Detail oder eine neue Spur zu stoßen. Auf irgendetwas also, das zu einem neuen Ermittlungsansatz führen könnte.

Schon bald finden sie so ein Detail. Sie entdecken es bei der Durchsicht der Fotos vom Ablageort. Da hat sich an der Kniekehle einer der beiden erstarrten Leichen eine einzelne weiße Tennissocke verfangen. Die könnte aus dem Kofferraum des Autos sein, mit dem sie in das Waldstück gebracht wurden – also am ehesten ihren Entführern und Mördern gehören. Welches junge

Mädchen zieht zu jener Zeit schon Tennissocken an, wenn es sich für einen coolen Abend im Club stylt?

Dabei trifft es sich, dass die Spurensicherer mittlerweile über neue, verfeinerte Methoden zur Gewinnung und Analyse von Genmaterial verfügen. Man holt die Socke aus der Asservatenkammer und übergibt sie einem Rechtsmediziner aus Münster zur Untersuchung. Dem gelingt es, aus den sechs Jahre alten minimalen Schweißanhaftungen an der Socke eine brauchbare DNS-Probe zu gewinnen. Danach werden von genau eintausendeinhundertelf Personen, die damals zum Kreis der Anfangsverdächtigen gehörten, Speichelproben genommen. Es dauert nicht mehr lange, bis die im Labor mit der DNS-Spur von der Socke abgeglichen sind. Tatsächlich erbringt dieser Massentest den ersehnten Volltreffer.

Silvio D. *(Name verändert)*, 44 Jahre alt, gelernter Schlosser, geboren in Sachsen. Versuchte Republikflucht und Verhaftung, 1984 Ausweisung in die Bundesrepublik. Seither im Rhein-Main-Gebiet, dann im Westerwald wohnhaft. Seit fünf Jahren verheiratet. Mehrere Anzeigen wegen sexuellen Missbrauchs an den Stiefkindern, die Verfahren jeweils aus Mangel an Beweisen eingestellt. Dazu eine oder zwei Anzeigen wegen Besitzes großer Computerdateien mit Kinderpornografie.

Es gab gut sechs Jahre zuvor bereits einen anonymen Hinweis, dass Silvio D. mit dem Doppelmord etwas zu tun haben könnte. Seinerzeit winkten die eingeschalteten Profiler ab: Sie gingen von einem Täter im Nahfeld, das heißt in dem Fall in näherer Umgebung des Ablageorts, aus. Nun treffen die ermittelnden Beamten in einem winzigen Ort zwischen den Höhenzügen des Westerwaldes auf einen robusten, klobigen Mann mit ungelenken Bewegungen, der zunächst alle Vorwürfe abstreitet – ebenso wie seine um zwei Jahre ältere Frau Elvira *(Name verändert)*.

Zum Volltreffer im Gentest kommen noch weitere Indizien. Wie etwa ein Brief, in dem Elvira von höllischen Schmerzen nach sadistischen Exzessen beim Sex mit ihrem Ehemann berichtet. Die dabei erlittenen Verletzungen, die sie beschreibt, gleichen denen der beiden Mordopfer in auffälliger Weise. Auch von ihr wird eine Genprobe genommen. Sie stimmt zweifelsfrei mit Fremdspuren an einem Finger von Marion überein. Das ist Beweislast genug, um zumindest Elvira bei den ersten Verhören einbrechen zu lassen. Sie gibt nun zu, dass sie und ihr Mann die beiden Schülerinnen entführt haben. Sobald sie in ihr Auto eingestiegen seien, hätten sie sie mit Chloroform betäubt, in zwei Postsäcke gesteckt und so in ihr Haus transportiert. Dort habe sich Silvio mit ihrer Hilfe an ihnen vergehen wollen.

Unglücklicherweise seien die beiden bei der Ankunft aber schon tot gewesen, behauptet ihr Mann – offenbar, weil sie zu viel Chloroform eingeatmet hätten.

Jedenfalls seien seine sofort begonnenen Wiederbelebungsversuche erfolglos geblieben. Da sei er auf die Idee gekommen, den Toten die Verletzungen beizubringen, um den »Unfall« wie eine sexuell motivierte Gewalttat aussehen zu lassen. Anschließend habe er gemeinsam mit seiner Frau die Toten gewaschen und wieder in die Postsäcke gestopft. Sie stellten sie im Morgengrauen im Schlafzimmer ab. Am Abend hätten sie dann gemeinsam die toten Mädchen in dem Waldstück entsorgt.

Die moderne Gerichtsmedizin verfügt jedoch über Untersuchungsmethoden, mit denen sich zweifelsfrei feststellen lässt, ob ein Hämatom oder eine Stichverletzung *prae mortem* oder *post mortem* erfolgt ist. Entsprechend kommt sie hier zu einer völlig anderen Version des Tatgeschehens. Demnach hat Silvio D. den Opfern die zahlreichen Verletzungen ausnahmslos vor ihrem Tod beigebracht – mit allerhand Schnüren und Nadeln, Vakuumpumpen und Messern. Währenddessen wurden sie wiederholt mit Chloroform sediert. Er verging sich also an Opfern, die nicht bei vollem Bewusstsein waren, aber immer noch »wach« genug, um auf die ihnen zugefügten Schmerzen empfindlich zu reagieren. Sein Kick war offenbar, die Opfer im Zustand absoluter Verfügbarkeit zu halten; sich dieser wehrlosen Körper zu bedienen, als seien es willenlose Puppen.

Welche Rolle seine Frau dabei spielte, wird nie restlos geklärt. Fest steht allerdings, dass sie mehr ist als nur

Lockvogel für den perversen, sadistischen und pädosexuellen Lebenspartner. Das gemeinsame Herumfahren, Zuwarten und Ausschauhalten nach potenziellen Opfern ist ihr pervertiertes Vorspiel. Dabei treiben sie sich gegenseitig an. Ohne Beute und unverrichteter Dinge wollen sie in der Nacht jedenfalls nicht nach Hause. Das ausgeklügelte Martyrium der Mädchen ist, so grausam das klingt, ihr gemeinsames Projekt. Das ziehen sie über etliche Stunden hinweg durch. So lange, bis ihre Opfer auf einmal leblos vor ihnen liegen – gestorben nicht nur an den Qualen der Folter, sondern auch an einer Überdosis Chloroform. Also kein Unfall, wie Silvio am Gericht vorträgt, sondern ein zweifacher Mord mit einem Höchstmaß an enthemmter Perversion und Brutalität – und damit auch Schuld.

Während das dringend tatverdächtige Paar nun in U-Haft landet, sucht die Staatsanwaltschaft nach weiteren Indizien. Sie wird bald fündig, weil sich auf ihre öffentlichen Aufrufe hin zwei weitere Frauen aus der Umgebung melden, die Silvio D. zusätzlich belasten. So schildert eine inzwischen achtzehnjährige Frau aus der Nachbarschaft, wie sie von ihm einige Jahre zuvor mehrfach auf teils sadistische Weise missbraucht worden sei. Eine andere Frau Ende zwanzig gibt die Erinnerung an eine ebenso bezeichnende Horrornacht zu Protokoll: Sie sei auch in einer Disco von Elvira angesprochen und ins Haus des Paares gelockt worden. Dort sei sie von Silvio D. überwältigt, ausgezogen und ans Bett gefesselt worden. Dank ihrer Besonnenheit und ihres Verhandlungsgeschicks gelang es ihr, dass der Täter von ihr abließ und sie Stunden später körperlich unversehrt nach Hause gehen konnte.

Beide Opfer haben diese Vorfälle bisher nicht gemeldet, weil es weder Zeugen noch einschlägige Beweise gab und sie das Ganze lieber vergessen wollten, wie sie erklären. Spätestens mit ihren Aussagen aber ist das Bild nun rund – und die Beweislast erdrückend. Silvio D. hat seit vielen Jahren immer wieder Wege gesucht, seine pervertierten Gelüste an halbwüchsigen und erwachsenen Frauen auszuleben. Das bekommt Elvira schnell zu spüren. Sadomasochistische Praktiken wie Bondage und Dominanzspiele nehmen in ihrem Sexleben eine immer wichtigere Rolle ein. Ihm gefällt es, wenn er ihre Brüste mit Nadeln traktieren und mit Seilen oder Riemen abschnüren kann, wie sie später schildern wird; oder wenn er ihr schwere Prellungen und Hämatome zufügt. Das lässt sie alles einfach geschehen. Aber offenbar nicht nur das: Bald berichtet die noch minderjährige Tochter aus erster Ehe ihrem leiblichen Vater von wiederholten schweren Missbrauchshandlungen durch den Stiefvater. Das passiere auch im Beisein der Mutter.

Eine entsprechende Anzeige führt dazu, dass der leibliche Vater für einige Jahre das Sorgerecht für sie und ihre beiden Brüder erhält. Später aber erkämpft Elvira D. sich das Sorgerecht für die Kinder zurück. Ein psychiatrischer Gutachter stuft die Schilderungen des Mädchens als unglaubwürdig ein. Die eklatante Fehleinschätzung beschert der Tochter neue Qualen und sorgt auch dafür, dass der Stiefvater die beiden Söhne weiter dazu zwingt, mit ihm harte Pornovideos zu betrachten. Das zwanghafte Verhalten ist die Folge einer Hypersexualität. Silvio D.s gesamter Alltag wird von exzessivem Pornografiekonsum und einer hohen Frequenz sexueller Handlungen bestimmt. Die häufigen Orgasmen verhelfen ihm allerdings zu keiner nachhaltigen Befriedigung. So steigert er sich immer weiter in seine paraphilen, also weit jenseits der sexuellen Norm angesiedelten Triebe hinein. Und mit ihm seine Lebensgefährtin, die entweder nicht in der Lage ist, ihm irgendwo Grenzen zu setzen – oder sehr aktiv dem gleichen Sog verfällt.

Später soll das sexuelle Setting dann um junge Mädchen erweitert werden, die das Paar hier und da abzugreifen versucht, um sie ihrer Verfügungsgewalt zu unterwerfen. Das geht mindestens zweimal tödlich aus. Wie oft Silvio und Elvira die Masche mit der Mitfahrgelegenheit oder Ähnliches probiert haben, ist nicht bekannt. Ebenso wenig, ob sie vielleicht noch weitere junge Frauen gequält oder getötet haben. Als ihnen Anfang der Nullerjahre an einem Landgericht in Mittelhessen der Prozess gemacht wird, geht es ausschließlich um die Entführung und den gemeinschaftlichen Doppelmord an Marion und Sandra.

Fast ein Jahr lang bemühen sich das Schwurgericht und Forensiker, Licht in das seltsame Wechselspiel des angeklagten Paares zu bringen. Doch Silvio schweigt sich über weite Strecken aus, und Elvira präsentiert sich als abhängige, devote Persönlichkeit ohne jedes Selbstwertgefühl. Man könnte auch sagen: als Meisterin im Unterlassen. Sie hat diese unheilvolle Allianz eben nicht beendet, als ihr Mann sie im Bett zu quälen begann. Sie ist nicht eingeschritten, als er sich an ihrer minderjährigen Tochter verging oder ihren Söhnen Pornos aufdrängte. Und sie hat ihn auch nicht davon abgehalten, die Mädchen und jungen Frauen unter seine absolute Kontrolle und hemmungslose Verfügungsgewalt zu bringen. Ganz im Gegenteil: Sie wurde zur Komplizin und Mittäterin, die als Lockvogel maßgeblich dazu beitrug, ihren Opfern Vertrauen und Sicherheit vorzugaukeln.

»Ich kann mir vorstellen, dass das wehtat«, sagt die Richterin zu der unscheinbaren Frau auf der Anklagebank, als ein besonders brutales Zwischenspiel zur Sprache kommt. Da hatte Silvio sie ebenfalls mit Chloroform betäubt und dann so grausam traktiert, dass sie, wieder bei Bewusstsein, auf allen vieren zur Toilette kroch, um sich ihr eigenes Blut abzuwaschen. Elvira D.

entgegnet prompt: »Das kann sich keiner vorstellen, wie weh das tut!« Und dann: »Ich habe es über die Jahre so gemacht, als ginge ich währenddessen aus meinem Körper hinaus.« Fast im gleichen Atemzug betont sie, dass er sie auf ihr eindringliches Bitten hin auch nie wieder mit Chloroform sediert habe.

Elvira D. will all das und viel mehr nur ertragen haben, damit ihr zweiter Mann bei ihr bleibt. Als geschiedene Frau und Mutter von drei Kindern sei sie heilfroh gewesen, dass sich überhaupt noch ein Mann für sie erwärmt habe. Solange er seine Fantasien an ihr auslebte, habe sie sich immerhin begehrt gefühlt: »Ich dachte, wenn er mich quält, braucht er keine andere.« Außerdem sei sie eben grundsätzlich »dumm« und absolut devot: »Ich nehme alles hin. Wenn einer zu mir sagt, bleib eine Stunde sitzen, dann bleibe ich sitzen …«

Das Bild, das die Frau mit der Ponyfrisur im Gerichtssaal von sich abgibt, ist zutiefst erschütternd. Aber ist es auch glaubwürdig? Oder ist nicht genauso gut vorstellbar, dass Elvira D. sich über die Jahre hinweg in ähnlicher Weise radikalisiert hat wie ihr Mann? Offenbar hat sie längst verstanden, dass sie als »Impresaria« und aktive Ausgestalterin seiner wie der gemeinsamen Sexfantasien ihr Bedürfnis nach Macht und Kontrolle über ihn ausleben kann. In dem Sinne hat sie ihn nicht nur angetrieben und selbst hemmungslos mitgespielt. Sie war sich als mitbestimmende Mittäterin auch zu jedem Zeitpunkt über die Dimension ihrer Taten bewusst – und ging dabei über Leichen.

So betrachtet, wäre ihre bedingungslose Unterordnung also nur Teil eines besonderen, für andere erschreckenden Spiels gewesen – und der gewaltsame Zugriff auf weitere Frauen nur ein einvernehmlicher Schritt auf das nächsthöhere Level. Diese Version der Motive und Tatabläufe hätte allerdings auch einen großen Einfluss auf die Bemessung des Strafmaßes.

Welche Dynamik in dieser Beziehung tatsächlich am Werk war, kann auch von den beiden psychiatrischen Gutachtern nicht mit letzter Gewissheit geklärt werden. Immerhin erfahren sie, dass Silvio als Kleinkind in der DDR für mehrere Jahre in ein Heim kam, als die Mutter an Krebs erkrankte. Möglicherweise gab es da eine frühe, nie verarbeitete Trennungserfahrung, die zu dauerhaften Persönlichkeitsveränderungen geführt hat. Die ausführlichere Erörterung seines sexuellen Verhaltens findet unter Ausschluss der Öffentlichkeit statt. Sie führt das Gericht am Ende zu der Feststellung einer »abartigen Geschlechtlichkeit«. Elvira wiederum präsentiert sich einfach abgrundtief devot. Sie hat Silvio tatsächlich ein Jahr nach dem Totschlag an den beiden Mädchen geheiratet und versichert noch vor Gericht: »Ich habe diesen Mann geliebt.«

Für den Richterspruch zählt aber vor allem, dass dieses mörderische Paar sein Gewaltverbrechen in enger Abstimmung sowie mit skrupelloser Konsequenz begangen hat. Das reicht bis ins Nachtatverhalten hinein. So haben beide einen ganzen Tag mit den in Postsäcken verpackten Leichen der Mädchen in ihrem Schlafzimmer verbracht, wie Silvio der Richterin erklärt: »Einen habe ich an die Heizung gestellt, den anderen an den Schlafzimmerschrank. Dann hab‹ ich mich schlafen gelegt.« Als Elviras Kinder am Nachmittag von ihrem Wochenende beim leiblichen Vater zurückkehrten, lagen die eingepackten Toten noch an derselben Stelle. Erst im Schutze der Nacht wurden sie von den beiden abtransportiert und im Wald abgelegt.

So wie Silvio D. den gesamten Hergang schildert, wirkt es in der Summe einfach nur abscheulich, wie der Staatsanwalt in seinem Schlussplädoyer betont. »Man müsste Sie für immer wegsperren«, sagt er dem Angeklagten unmittelbar ins Gesicht. Der entgegnet: »Sie sind wohl geistig zurückgeblieben.« Am Ende des Prozesses, acht Jahre nach der Tat, erhält Elvira D. wegen gemeinschaftlich begangenen Mords eine lebenslange Haftstrafe. Nach Überzeugung der Richterin sei sie »keinesfalls nur Gehilfin, sondern Mittäterin« gewesen: »Ohne sie wäre die Tat nicht möglich gewesen«, stellt sie fest.

Silvio D. wird als vermindert schuldfähig eingestuft, denn »die Scheußlichkeit seines Tuns hat ihre Ursache in seiner Perversion«. Das ergibt im Urteil fünfzehn

Jahre Haft mit anschließender Unterbringung im Maßregelvollzug bzw. der forensischen Psychiatrie. Dieses Strafmaß wird auch als »Vorabverbüßung« bezeichnet. Damit will das Gericht sicherstellen, dass der Verurteilte zunächst auf längere Sicht weggesperrt bleibt. Käme er von Beginn an in die Psychiatrie, hätte er nach allerspätestens zehn Jahren Anspruch darauf, neu begutachtet und daraufhin bei günstiger Prognose entlassen zu werden. Damit käme er als Haupttäter dann besser weg als Elvira, und das möchte das Gericht auf jeden Fall verhindern.

In ihrem Schlusswort sagt Elvira: »Das, was ich getan habe, bereue ich sehr.« Silvio sagt für seinen Teil, dass es ihm leidtue. Gleichzeitig gibt er sich überzeugt, dass es für ein Tötungsdelikt keine Entschuldigung geben könne. Es ist sein vorerst letztes Statement in der Öffentlichkeit – ob es nun selbst erdacht oder von seinem Anwalt souffliert wurde.

Ich bin dabei gewesen, obwohl ich das gar nicht wollte; ich habe ihm das nicht ausreden können; ich habe mir einfach den falschen Mann ausgesucht: Die Standardsätze von Delinquentinnen, die in Komplizenschaft mit Männern hochkriminell werden, sind an allen Gerichten einschlägig bekannt. In ihrem Kern wird das Rollenbild der naiven, unterwürfigen Partnerin konserviert, die in der fatalen Liaison mit dem gewaltbereiten Mann ihre Mitte verliert: Rotkäppchen macht sich zur Assistentin vom bösen Wolf. Dieses Narrativ gilt auch und gerade für gemeinsame, sadistisch motivierte Gewalttaten. So selten sie insgesamt vorkommen, lösen sie in der Gesellschaft doch jedes Mal eine größere Debatte um den faktischen Beitrag der »*Partners in Crime*« an den horrenden Vorgängen aus: Es soll geklärt werden, wer da wen angetrieben hat.

Dass dieser Beitrag inzwischen objektiver und umfassender ermittelt wird, mag einerseits an verfeinerten Methoden der Kriminologie und den ausführlichen psychologischen Gutachten liegen. Im Zweifel ist er aber auch eine Folge der Gleichstellung der Geschlechter, zumindest im Strafgesetz. In dem achtmonatigen Prozess gegen das sogenannte »Sadistenpaar« aus dem Westerwald hat man jedenfalls genau hingeschaut, welche Rolle Elvira D. wirklich gespielt hat. Dabei ergaben sich Facetten, die von Rotkäppchen weit entfernt sind. So unreif und hörig Elvira D. im Saal auftrat, hat sie doch gleichzeitig höchst egoistisch und ohne Skrupel agiert. Sie stellte ihr eigenes Ziel, um jeden Preis mit Silvio liiert zu bleiben, über das Lebensrecht anderer Frauen – und opferte dafür sogar das Wohl ihrer Kinder. Getrieben von der Angst vor Trennung und Einsamkeit, kannte sie ihm gegenüber nur eine Botschaft: Du kannst auf mich zählen, was immer du tust.

Ohnmacht ist also nur eine Seite. Als Mittäterin und

Mitwisserin erlangte Elvira in der Architektur ihrer verheerenden Beziehung gleichzeitig eine gewisse Macht. Sie stieg vom bevorzugten Opfer zur Komplizin auf, stand mit dem gewaltbereiten Mann plötzlich auf Augenhöhe. Darüber hinaus war Silvio nun bis zu einem gewissen Grad auch auf sie angewiesen. Das war nicht Romantik, sondern ein bewusst kalkulierter Effekt, der beim Lebensgefährten offenbar auch so ankam. Wie sagte er bezeichnenderweise während der Verhandlungen am Schwurgericht: »Die Tat machte uns untrennbar.«

Gemeinsam ausgeübte Gewaltakte können einer Paarbeziehung durchaus »Sinn« und Halt verleihen, so bitter das zunächst klingt. Man muss nur die Tatsache, dass sie zulasten anderer gehen, konsequent ausblenden. Und es gibt eben nicht nur Männer, sondern auch Frauen, die unter bestimmten Umständen dazu in der Lage sind. Nach der Erfahrung der Kriminalpsychologin Lydia Benecke trifft das nicht nur, aber insbesondere auf Frauen mit einem niedrigen Selbstwertgefühl zu, die sich intuitiv zu einem Egozentriker mit dominant-selbstbewusstem Auftritt orientieren. Diese erhofften sich »Schutz und Teilhabe an dessen Stärke«, wie die erfahrene Therapeutin von Straftäter:innen 2017 in einem Interview mit der *Süddeutschen Zeitung* ausführte. Gleichzeitig lebten sie ihre Aggressionen aus, »weil sie davon profitieren«.

Das könnte zum Beispiel für Myra Hindley gelten, die zusammen mit ihrem Freund Ian Brady das erste sadistische Täterduo des Fernsehzeitalters in Europa bildete. Die beiden Twens entführten zwischen 1963 und 1965 drei Jungen und zwei Mädchen zwischen zehn und siebzehn Jahren, um sie zu Hause in Manchester oder in einem nahen Moor zu vergewaltigen, zu foltern und zu töten. Von Zeit zu Zeit spielten sie sich auch Tonbandaufnahmen ihrer Opfer vor. Dort hörten sie noch einmal, wie diese um Gnade bettelten und verzweifelt nach ihren Eltern riefen. Solche und weitere in TV-Sendungen verbreitete Details führten dazu, dass viele Briten in ihrem Zorn forderten, man möge die kurz zuvor abgeschaffte Todesstrafe bitte ganz schnell wieder einführen.

Hindley behauptete viele Jahre später, von ihrem aus Glasgow stammenden Partner mehrfach betäubt, vergewaltigt und geschlagen worden zu sein. Außerdem habe er damit gedroht, mit ihr ähnlich zu verfahren, falls sie sich nicht an den Gewalttaten beteilige. Brady hingegen bestand seinerseits darauf, dass seine Freundin sehr aktiv und ohne jede Zurückhaltung mitgemacht habe. Immerhin zogen sich ihre Verbrechen insgesamt über mehr als zwei Jahre hin, in denen Myra sich nicht an die Polizei wandte. Außerdem konnte er zahlreiche Briefe präsentieren, die seine Ex ihm noch viele Jahre aus der Haft geschrieben hatte. In ihnen schwangen jede Menge Einverständnis und Sehnsucht nach ihm mit.

Das gilt im Zweifel auch für Petra S., die mit ihrem Partner Gunter F. *(Namen geändert)* in einer Kleinstadt an der Ruhr ein furchtbares Duo bildete. Die beiden Mitzwanziger wollten kurz nach dem Millennium vom Höllenfürsten selbst eine Lizenz zum Töten erhalten haben. Darum bestellten sie sich eines Sommerabends einen Arbeitskollegen in die Wohnung, mit dem sie zunächst ganz harmlos ein paar Biere tranken. Anschließend richteten sie den arglosen Gast mit über sechzig Messerstichen und einem Hammer brutal hin und zerstückelten ihn mit einer dafür bereitgelegten Machete. Die anschließende Flucht im eigenen Auto Richtung Osten war nach einer Woche zu Ende. Dann landeten beide in Untersuchungshaft – und endlich vor einem Schwurgericht.

Die frisch Verheirateten waren überzeugte Satanisten, ihr weit gespanntes Kontaktnetz reichte von der schwarzen bis in die Nazi-Szene hinein. Aber gleichzeitig waren sie auch narzisstisch gestörte Persönlichkeiten, die gemeinsam immer weiter abdrifteten, wie der vom Gericht bestellte psychiatrische Gutachter attestierte. Es brauchte Jahre der Therapie während der Haft, bis zumindest Petra, die auch schon als Domina und BDSM-Model gearbeitet hatte, diesen Prozess der gemeinsamen Abschottung halbwegs aufgearbeitet hatte.

So erklärte sie in einem Beitrag für ein Sachbuch zu dem Thema, sie habe in der fatalen Liaison »den Blick für die reale Welt und für den Respekt Mitmenschen gegenüber schon längst verloren« gehabt.

Ihr Ex-Mann dagegen, von dem sie sich bald nach der Verurteilung zu lebenslanger Haft scheiden ließ, blieb weiter uneinsichtig. Er verlegte sich in der Haft auf eine neue Version, wonach er die Geschichte mit dem teuflischen Auftrag bloß erfunden habe, um seine Partnerin vor Gericht zu schützen. Außerdem stritt er nun jede aktive Beteiligung an der Ermordung seines Arbeitskollegen ab: Das sei allein Petras Sache gewesen. Dazu passt, dass er jedes Therapieangebot kategorisch ablehnte. Was nicht verhindern konnte, dass er nach sechzehn Jahren Haft inzwischen wieder in die Freiheit entlassen wurde.

In Manchester wie an der Ruhr mag die erste Initiative zu den Gewaltfantasien von einem schwer gestörten männlichen Partner ausgegangen sein. Beide Frauen stiegen jedoch ohne erkennbare Not darauf ein und sorgten mit ihrem Beitrag für eine folgenreiche Eskalation. Das lässt im Grunde nur einen realistischen Schluss zu: Sie hatten Gefallen daran gefunden, sich in einer Position der Macht und der absoluten Verfügungsgewalt zu erleben – so sehr, dass etwaige Skrupel und Zweifel dahinter verblassten. Das macht schließlich den sadistischen Tätertyp aus, und wir sind gut beraten, ihn so zur Kenntnis zu nehmen – ob es nun zu unserer Vorstellung vom Menschen passt oder nicht.

Vor dem Hintergrund ist es auch kein Hirngespinst, dass der weibliche Part die maßgebliche Initiative bei sadistisch motivierten Gewalttaten übernehmen kann. Die in Österreich wirkende forensische Psychiaterin Sigrun Roßmanith etwa hält nach langjähriger Praxis als Gutachterin Frauen nicht von vornherein für die besseren Menschen. Sobald sie zu Gewalt neigten und Gewalt ausübten, was viel seltener geschieht, unterschieden sie sich in der angewandten Brutalität überhaupt nicht von Männern. Einmal dazu bereit, gingen sie häufig sogar »entschlossener« und »kreativer« vor, wie sie in ihrem Buch *Sind Frauen die besseren Mörder?* ausdrücklich resümiert. Davon sind partnerschaftlich begangene Gewalttaten der sadistischen Art nicht ausgenommen.

So trog der erste Anschein, als ein sadistisches Paar aus dem Weserbergland vor einigen Jahren in einem bundesweit schockierenden Fall vor Gericht stand. Diethelm und Beate Z. *(Namen geändert)* hatten über Jahre hinweg insgesamt acht alleinstehende Frauen in ihre Verfügungsgewalt gebracht, um sie in ihrem unscheinbaren Hof wie Haussklavinnen zu unterwerfen sowie nach Belieben zu traktieren. Sie akquirierten ihre Opfer durch Kontaktanzeigen in Diethelms Namen und gaben sich dabei als Geschwister aus. Einmal in ihrem Haus, wurden die Frauen durch fortgesetztes Gaslighting, also einer gezielten, systematischen Verunsicherung, gefügig gemacht. Sie mussten ihr Handy und ihre Geldkarte abgeben, wurden vom Rest der Welt abgeschnitten und gezielt manipuliert sowie grausam bestraft, wenn sie auch nur im Ansatz gegen den rigorosen Verhaltenskodex verstießen.

Insgesamt kamen dabei über sechzig verschiedene Arten von Erniedrigung und körperlicher Misshandlung zusammen. Mal wurden die Frauen an Heizkörpern oder in einer Badewanne im Keller angekettet, mal hatten sie in ungeheizten Räumen auf dem Fußboden zu schlafen. Bei anderen Gelegenheiten wurden sie, wenn sie dem Hausherrn oder dessen Frau nicht unterwürfig genug entgegentraten, geschlagen oder mit Stricken gewürgt. Als sich die erste dieser Geiseln mit Anfang dreißig bei einem Sturz im Haus schwer verletzte, brachten die Haustyrannen sie aus Angst vor Entdeckung nicht ins Krankenhaus – mit der Folge, dass die Gestürzte starb. Ihre Leiche wurde zunächst eingefroren, später akribisch zerlegt und im Haus verbrannt. Die Asche landete irgendwann im Garten und in der weiteren Umgebung der belebten Straße.

Das war aber nur der erste tödliche Unfall. Eine zweite, um einige Jahre ältere Frau prallte bei den Misshandlungen mit ihrem Kopf gegen einen Heizkörper und verletzte sich schwer. Über entscheidende Stunden hinweg blieb sie ohne medizinische Versorgung. Als sich Beate und Diethelm Z. mit der stark blutenden Frau dann doch im Auto auf den Weg in ein Krankenhaus machten, wurde die Verletzte von entgegenkommenden Autofahrern gesehen. Die umgehend informierte Polizei konnte den Tod der Frau zwar nicht mehr verhindern, zog aber die richtigen Schlüsse und brachte das Sadistenpaar in kürzester Zeit vor ein ostwestfälisches Landgericht.

Der Vertreter der Anklage war angesichts der grausamen Details lange sicher, dass nur Diethelm Z., ein sehr bulliger Mann mit einem IQ unter sechzig, als maßgeblicher Initiator der Verbrechen infrage kam. Diese Auffassung musste er nach der Vorlage eines zweiten psychiatrischen Gutachtens deutlich korrigieren. Aus ihm ging hervor, dass der Mann mit dem Reifegrad eines Grundschülers lediglich mitausführen konnte, was seine deutlich intelligentere Partnerin ausgeheckt und geplant hatte. Er selbst war annähernd lebensunfähig und mit strategischen Überlegungen heillos überfordert. Wenn gequält werden sollte, war er zwar immer zur Stelle. Doch im Grunde trieb Beate viele Dinge in dem nach außen abgeschotteten »Horrorhaus« voran.

Für das Mädchen vom Bauernhof war die Begegnung mit dem bereits wegen Körperverletzung und

Freiheitsberaubung verurteilten Mann die erste romantische Erfahrung. Als nach acht Wochen geheiratet wurde, brachte die Neunundzwanzigjährige gleich alle Ersparnisse in die Ehe ein. Zu dem Zeitpunkt aber wurde sie bereits Opfer von Prügel und Beleidigungen. So kann es sein, dass sie zunächst bloß Wege suchte, Diethelms sadistischer Natur neue Zielobjekte zuzuführen – zumal die Anwesenheit anderer Frauen ihn auch an den Hof und ihren gemeinsamen Haushalt band. Offenbar aber steigerte sie sich im Lauf dieser unheiligen Verbindung in eine handfeste »*folie à deux*« hinein: in einen »Wahnsinn zu zweit«, bei dem der vormals gesunde Mensch krankhafte Ideen seines Partners übernimmt. Was in dem Fall bedeutete, dass Beate Z. bald als ähnlich gewaltbereite, sadistische Komplizin an die Seite ihres Mannes trat. Auf diese Weise agierten beide irgendwann so perfide wie perfekt. »Jeder für sich wäre kaum zu derartigen Taten fähig gewesen«, schrieb die Prozessbeobachterin des *Spiegel*, »gemeinsam waren sie tödlich.«

Perfekt ist schließlich kein Prädikat für den höchsten moralisch-ethischen Standard. In diesem Fall meint es nur das lückenlose Ineinandergreifen von Tatbeiträgen, mit denen sich Diethelm und Beate Z. kongruente Fantasien erfüllten. Mitten in einer lebendigen Kleinstadt setzten sie über Jahre hinweg ein deviantes Projekt um, ohne dass irgendein Dritter davon erfuhr. Dabei schafften sie es auch, jegliche Verbindung ihrer Opfer zu deren Familien und Vorleben zu kappen – sowie deren Willen so gründlich zu brechen, dass sie nie den Versuch unternahmen, in einem unbeobachteten Moment zu fliehen. Ein Kunststück, das nur auf dem Gipfelpunkt ihrer gemeinsam ausgeübten Macht gelingen konnte.

Die starken Synergien im Team begannen erst zu bröckeln, als die Verantwortung für ihr abstoßendes Treiben vor Gericht erörtert wurde. Über zwei Jahre und sechzig Hauptverhandlungstage hinweg versuchten die Partner, dem anderen die Hauptlast an den Gewaltverbrechen in die Schuhe zu schieben. Jeder stellte die Dominanz des anderen in den Vordergrund. Im Herbst 2018 verhängte das ostwestfälische Schwurgericht dann eine dreizehnjährige Haftstrafe wegen Mordes sowie Mordes durch Unterlassen gegen Beate Z. Für Diethelm Z. wurden elf Jahre Freiheitsentzug und die Unterbringung in einer psychiatrischen Einrichtung des Maßregelvollzugs festgesetzt. Das entspricht nach Einschätzung eines Gerichtsreporters, der den gesamten Prozess beobachtete, in etwa auch den Tatanteilen im »Horrorhaus«. »Sie hat gesagt, wann was wie und wo geschah«, ist der Reporter bis heute sicher. »Und sie hat ihm dann geholfen, Frauen ins Haus zu bringen, um sicherzustellen, dass er nicht weg ist …«

Zusammen etwas unternehmen, gemeinsame Erlebnisse teilen: Was in jeder normalen Beziehung als probates Mittel zur Erneuerung des Zusammenhalts gilt, trifft ebenso gut auf fatale Paare mit hoher Gewaltbereitschaft zu. Die gemeinschaftlich begangene, sadistisch motivierte Tat wird nicht nur als Erfolg für beide erlebt – sie bindet ihn und sie auch als meist einzige Mitwisser aneinander. Von Stunde an gibt es nicht nur eine Leidenschaft, sondern auch noch ein Geheimnis. Auf diese Weise kann ein gefährlicher Sog entstehen, der nach Fortsetzung oder gar nach Erhöhung der Schlagzahl schreit. Dann wird es eine Art Sport, die rote Linie immer wieder zu überschreiten – selbst auf die Gefahr hin, dass man irgendwann auffliegt.

In Amerika werden kriminelle Paare, die mit dem Desaster flirten, gerne »*Ride or Die Couples*« genannt. Das schicke Etikett geht auf die blutigen Raubzüge von Clyde Barrow und Bonnie Elizabeth Parker im Mittelwesten während der ersten Weltwirtschaftskrise zurück. Es passt aber auch auf die Geschichte von James Anthony Daveggio und Michelle Lyn Michaud. Das sadistisch veranlagte Zufallspaar aus Nordkalifornien hängte Bonnie und Clyde mehr als ein halbes Jahrhundert später im wahrsten Sinne auf der Überholspur ab – bis es sich bald nach dem Millennium vor einem Obergericht in der Stadt Oakland wiederfand. Und was immer es bei seinen grausamen Exzessen miteinander verbunden hatte, war von da an wie verflogen.

Daveggio und Michaud mussten sich für eine brutale Entführung mit anschließendem sexuellem Missbrauch und Mord verantworten. Sie hatten die zweiundzwanzigjährige Studentin Vanessa Lei Samson in der Kleinstadt Pleasanton an einem Morgen im Dezember 1997 gewaltsam in ihren grünen Dodge Caravan verfrachtet. Der Laderaum war mit Haken und Seilen eigens so präpariert, dass James die entkleidete Beute dort schnell fixieren und mit einem sogenannten Rubber-Ball-Gag zum Stillhalten bringen konnte, um sie mit einem elektrischen Lockenwickler und ähnlichen Gerätschaften ad hoc sexuell zu traktieren. Unterdessen steuerte Michelle das Auto in nördlicher Richtung, an Sacramento vorbei bis in ein Motel bei South Lake Tahoe im Nachbarstaat Nevada. Dort wurde Vanessa weiter misshandelt und schließlich zu Tode stranguliert. Zwei Tage darauf fand man ihre Leiche auf einer eingeschneiten Böschung an der nahen Interstate 88 – so achtlos entsorgt wie ein alter Teppichboden.

Damit wäre das Paar unter anderen Umständen vielleicht sogar davongekommen. Doch in diesem Fall kursierte wegen zwei ähnlicher Taten schon ein dringender Verdacht. Eine Fahndung war bereits in Gang gesetzt, und zwei Tage nach der Tat konnte die Polizei die beiden an einem Motel beim South Lake Tahoe in

Nevada aufspüren und verhaften. Schon nach den ersten Vernehmungen ließ sich eine ganze Serie gemeinsam geplanter und durchgeführter Sexualverbrechen rekonstruieren.

Für die ehemalige Prostituierte und den früheren Barkeeper, beide Anfang vierzig, war der grüne Dodge ihr festes Domizil und mobiles Folterstudio. Mit ihm reisten sie seit Monaten kreuz und quer durch Kaliforniens Norden, immer auf der Flucht vor Strafbefehlen wegen gefälschter Schecks, Betrug und ähnlicher Delikte – und gleichzeitig auf der Suche nach ihrem nächsten Opfer. James nannte die mindestens sieben sadistisch motivierten Sexualstraftaten seine »Jagdausflüge«, Michelle sprach von »Abenteuern«. Beide trieben sich darin immer weiter hoch und brachten sich mit Methamphetamin, von dem sie immer größere Mengen dabeihatten, in die erforderliche Stimmung: euphorisiert und enthemmt, mit einem völlig übersteigerten Selbstwertgefühl, einem Gefühl von Grandiosität und einem ebenso übersteigerten Sexualtrieb.

Beide hatten die identischen Vorbilder für ihre Taten. Sie bewunderten das Gesamtwerk von Gerald und Charlene Gallego, die 1980/81 als »Love Slave Murders« in die amerikanische Justizgeschichte eingegangen waren. Das Paar brachte bevorzugt minderjährige Mädchen, aber auch eine vierunddreißigjährige Frau und ein junges Studentenpaar mit diversen Versprechungen in ihre Verfügungsgewalt und zwang sie dann mit vorgehaltener Waffe zu gemeinschaftlichem Sex. Am Ende richtete Gerald, ein überaus aggressiver Sadist aus Sacramento, sie alle hin und verscharrte ihre Leichen in Steinbrüchen oder Wüsteneien zwischen Nordkalifornien und Nevada. Charlene ging ihm dabei zur Hand.

Insgesamt hatte das Paar von September 1978 bis November 1980 zehn Menschen für seine Zwecke unter Kontrolle und schließlich ums Leben gebracht. Doch was dem einen nur Abscheu und Entsetzen abnötigt, kann für den anderen einen wahren Kult begründen. Für James Daveggio kam jedenfalls nur ein Dodge-Van als Tatfahrzeug in Betracht, nachdem er in Erfahrung gebracht hatte, dass Gallego mit dieser Automarke unterwegs gewesen war. Er besaß ein Buch über Serienmörder, in dem solche Einzelheiten festgehalten waren, und wollte sich mit ähnlichen Taten auch ein Denkmal setzen.

Genauso wie Gallego eine seiner Töchter aus einer Reihe sehr kurzer Ehen gewohnheitsmäßig missbraucht hatte, forderte James von Mickey, wie er Michelle nannte, dass sie ihm eine ihrer beiden Töchter für seine Zwecke zur Verfügung stellte. Ein Wunsch, den sie ihm im Frühjahr 1997 tatsächlich erfüllte. Nur dass die damals zwölfjährige Tochter das nicht einfach so hinnahm: Sie meldete den Vorfall der Polizei, die daraufhin aktiv wurde.

Der von der harten Droge aufgedrehte Mann und seine stark abgemagerte Frau: Sie waren zwei durchgeknallte Epigonen, die ihre Vorgänger zu kopieren versuchten wie pubertäre Fans ihre Popstars. Aber wer so viel Parallelität sucht, findet sie auch da, wo er sie nicht gebrauchen kann. In dem Sinne erscheint es als Ironie des Schicksals, dass dieses mörderische Duo ganz ähnlich wie seine Vorbilder von der Polizei lokalisiert wurde. Die hatten siebzehn Jahre zuvor die Eltern der Braut auf der Flucht angerufen, um sie anzupumpen – ohne zu ahnen, dass ihr Telefonat bereits vom FBI aufgezeichnet wurde. Nun wurde James und Michelle ebenfalls Geldnot zum Verhängnis. Als sie besagten Scheck der Wohlfahrtsbehörde nahe ihrem Motel einlösten, schnappte die Falle zu.

Speziell für James kam bald noch eine zweite unerwünschte Parallele hinzu. So wie Charlene Gallego sich noch vor dem Prozess schnell zur Kronzeugin gewandelt und den Anklägern Einzelheiten geschildert hatte, um ihr Strafmaß zu reduzieren, rückte auch seine Mickey im Prozess um den Mord an Vanessa Lei-Samson von ihm ab – was er dann prompt erwiderte. So machte er vor Gericht geltend, er sei zwar der Folterer von Vanessa, aber nicht ihr Mörder gewesen. Das habe Mickey erledigt. Weil das Gericht diesmal beide Tatbeiträge als absolut gleichwertig auffasste, empfahl der Richter im

Sommer 2002 auch den Geschworenen, in beiden Fällen für die Todesstrafe zu plädieren.

Es waren noch einmal quälende Stunden für den Mann, der so gern andere gequält hatte. Vor ihm saß ein Richter, der die gemeinsame Bluttat »abstoßend, rücksichtslos, sinnlos, verdorben, brutal, teuflisch und bösartig« nannte. Dazu hatte Vincent Samson vor der Anklagebank ein großes eingerahmtes Foto seiner ermordeten Schwester Vanessa aufgestellt. Die bildhübsche sino-amerikanische Studentin strahlte den Richter und die Geschworenen regelrecht an. Unter den Zuschauern saßen zahlreiche Angehörige und ehemalige Freunde. Sie trugen violette Hals- und Armbänder, die an die Lieblingsfarbe der Ermordeten erinnern sollten. Schließlich wandte sich Vincent als Vertreter der Nebenklage direkt an Daveggio: »Sie sind absolut teuflisch und verdienen es zu sterben.«

Dazu sollte es allerdings nicht kommen. Die zwölf Geschworenen entschieden im September 2002 zwar tatsächlich auf Todesstrafen für Daveggio und Michaud. Aber beide stecken bis heute in der längsten sogenannten »*Death Row*« der Vereinigten Staaten fest. Sie gehören zu den über siebenhundert Todeskandidat:innen, die allein im Staat Kalifornien auf ihre Hinrichtung warten. Seit 2006 wird die Todesstrafe dort nicht mehr vollzogen, und der aktuelle Gouverneur hat sie 2019 offiziell ausgesetzt. So verbleiben sie möglicherweise bis zum Lebensende in Haft – und in der Gesellschaft von Serienkillern, für deren Taten sie sich früher erwärmt hatten. Nur dürfte sich das heute nicht mehr so verwegen anfühlen.

Der trockene Tod

Die kräftige Frau mit den halblangen dunkelbraunen Haaren auf der Anklagebank zeigt keine sichtbare Regung, während die Vorsitzende Richterin das Urteil verliest. Aber als sich die Türen des Sitzungsaals am Schwurgericht einer hessischen Universitätsstadt bald darauf öffnen, brechen mehrere Frauen auf dem Flur in lautes Wehklagen aus. Glaubt man den Augenzeugen, handelt es sich um ihre Mutter und einige Bekannte. Sie wissen, dass sich ein Leben in Freiheit für ihre Tochter und Freundin definitiv erledigt hat. Nicht nur für etliche Jahre, sondern überhaupt und grundsätzlich. Diese Gewissheit steckt in den drei entscheidenden Wendungen, die soeben verkündet wurden – einige Wochen, bevor das Frühjahr 2018 beginnt.

Lebenslang. Besondere Schwere der Schuld. Anschließende Sicherungsverwahrung.

Mit dieser Formel werden an deutschen Gerichten Angeklagte belegt, von denen eine erhebliche fortgesetzte Gefahr für die Allgemeinheit zu erwarten ist. Sie sorgt dafür, dass frühestens nach deutlich über zwanzig Jahren geprüft werden kann, ob sie überhaupt oder wenigstens absehbar aus der Haft entlassen werden können. Die Verurteilung zu einer anschließenden Sicherungsverwahrung schließt zudem eine frühere Verlegung in den offenen Vollzug und erst recht eine Entlassung in die Freiheit aus. Auch die Unterbringung in der Sicherungsverwahrung bedeutet immer noch ein Leben hinter Gittern, wenn auch in einem von der Strafhaft abgetrennten Bereich und unter etwas großzügigeren Verhältnissen. Es ist die härteste Strafe, zu der ein Gericht in Deutschland Straftäter verurteilen kann. Weil sie die ohnehin unbefristete Haftstrafe mit einer ebenso unbefristeten Unterbringung in der Sicherungsverwahrung kombiniert, sprechen Kritiker von einer »trockenen Todesstrafe«: Sie räumt den Betroffenen keine Option auf ein »Leben danach« ein, allenfalls eine Entlassung in fortgeschrittenem Siechtum oder zum Sterben.

Man muss schon ein exorbitantes Maß an Schuld auf sich laden, um sich für diese Höchststrafe zu qualifizieren. So wurden zum März 2021 in Deutschland fünfhundertsechsundneunzig Männer in Sicherungsverwahrung registriert – und exakt zwei Frauen. Die deutlich Ältere von ihnen kommt aus Südwestfalen; sie hat es mit sadistischen Morden an zwei Lebenspartnerinnen kurzfristig zu einigem Ruhm in den Boulevardmedien gebracht. Die haben sie bevorzugt als »Folter-Hexe« tituliert. Die Jüngere ist Ayla M. *(Name geändert)*, jene Frau mit den breiten Schultern, um die ein paar Frauen auf den Fluren des hessischen Schwurgerichts so laut weinen.

Es gibt aber auch viele Zuschauerinnen und Zuschauer im sich auflösenden Publikum, die mit dem Strafmaß durchaus zufrieden sind. So hat es ein Anwalt im Namen der Angehörigen von Aylas Opfern, die als Nebenkläger aufgetreten sind, gerade versichert. Der Urteilsspruch lindere wohl kaum den Schmerz und die Trauer, führte er aus, wohl aber den Schrecken. Der Staatsanwalt wiederum sprach von einer »dissozialen Persönlichkeitsstruktur«, dem »Hang zu erheblichen Straftaten« sowie einer äußerst ungünstigen Sozialprognose. »Sie morden aus Habgier«, hat er sich im Schlussplädoyer direkt an die stumme Angeklagte gewandt. Und so formulierte es die Richterin, die seinem Antrag folgte, in ihrer ausführlichen Begründung: »Sie wusste bei jeder Tat, was sie tat.«

Das eigentliche Drama aber findet nicht vor dem Schwurgericht statt. Dort steigt nur der vorläufig letzte Akt. Es ereignet sich in den Jahren davor, in denen Ayla M., eine ebenso korpulente wie fragile Frau, keinen Boden unter die Füße bekommt. Ihr fortgesetztes Scheitern ist das Resultat einer schwer gestörten Persönlichkeit, die immer mehr abdriftet. Bis sie irgendwann keine Grenze mehr kennt – und innerhalb weniger Wochen drei unschuldige Menschen mit bloßen Händen tötet.

Zuerst geht es nur um einen Schwelbrand; er lässt die Feuerwehr an einem frühen Apriltag 2016 zu einem Mietshaus nahe der Lahn ausrücken. In der aufgebrochenen Wohnung finden die Männer vom Löschtrupp allerdings noch mehr. Im Schlafzimmer liegt die Leiche eines Mannes, den die Polizei später als den Bewohner identifiziert. Das ist ein alter stadtbekannter Zirkusartist, der hier seit vielen Jahren zu Hause war. Außerdem werden mehrere in Terpentinersatz getränkte Handtücher und Lappen sichergestellt. Sie sollten vermutlich ebenso wie ein ganzer Stapel Babywindeln unter dem Bett des Toten als Brandbeschleuniger wirken. Da alle Fenster in den Räumen geschlossen waren, kam das Feuer trotzdem nicht recht in Schwung, wie ein Brandgutachter bald feststellen wird.

Die furchtbare Szenerie könnte auf das freiwillige Ende eines Mannes in vorgerücktem Alter verweisen, der keine lohnenden Auftritte mehr hat, weder unter der Zirkuskuppel noch anderswo. Aber bei der Obduktion der Leiche fallen bald heftige Blutergüsse an den Oberarmen auf. Dazu kommen eindeutige Würgemerkmale im Halsbereich, Prellungen im Gesicht und mehrere gebrochene Rippen. Außerdem ist die verschließbare Schublade des Schreibtischs im Bürozimmer aufgebrochen worden. Das deutet in der Summe stark darauf hin, dass der große Ambrosini *(Name geändert)*, so sein Alter Ego und Künstlername, am Abend zuvor Besuch bekommen hat. Und zwar von der Art, die man besser nicht hereinlässt – weil man ihn nicht überlebt.

Nicht zuletzt stoßen die Forensiker auch noch auf eine fremde DNA-Spur unter mehreren Fingernägeln des Toten. Die könnte von der Person stammen, an der er sich in seinem Todeskampf mit aller verbliebenen Kraft festzukrallen versuchte. Ein knochiger, zäher Senior in den hohen Siebzigern, der sich nicht ohne Gegenwehr geschlagen gibt. Eine zweite, damit übereinstimmende Spur stammt von zwei dunkelbraunen Haaren, die in einer der vielen Kisten im Bürozimmer gefunden wurden.

Die polizeilichen Ermittler gehen dann sehr unaufgeregt und systematisch vor. Sie fragen im Haus wie in der Nachbarschaft, wer Ambrosini in letzter Zeit gesehen hat und mit wem. Die Liste der Kontakte, die dabei zusammenkommt, wird anschließend sorgfältig abgearbeitet. Dabei zieht sich der Kreis der Verdächtigen, die man zumindest näher ins Auge fassen sollte, allmählich zu, und unterdessen erfahren sie allerhand Geschichten. Unter anderem die von der ehemaligen Nachbarin, die den Zirkusartisten vor Jahren mal um mehrere Tausend Euro Bargeld bestohlen haben soll. Es ist die gleiche Person, die neulich erst wieder im Haus gesehen wurde.

Das ist für die ermittelnden Beamten der Soko Ambrosini Anlass genug, Ayla M. an ihrem aktuellen Wohnort im Rheinland aufzusuchen. Dabei erklärt diese in einem mehr als einstündigen Monolog, warum sie zum Zeitpunkt des Raubmords noch mal in der alten Nachbarschaft vorbeigeschaut habe. Es sei doch nicht verboten, alte Bekanntschaften wieder aufleben zu lassen. Zum Abschluss der Vernehmung reicht sie den Kripobeamten höflich die Hand: Es freue sie, wenn sie damit einen möglichen Verdacht gegen sie habe ausräumen können. In dem Sinne wünsche sie allen noch einen schönen Tag.

Damit geben sich die Beamten aber nicht zufrieden. Etwas an diesem Auftritt erscheint ihnen eine Spur zu glatt, zu einstudiert. Deshalb erwirken sie bei der zuständigen Staatsanwaltschaft nach ihrer Rückkehr einen Durchsuchungsbeschluss und einen Haftbefehl. In der Wohnung von Ayla M. finden sie auf Anhieb zwar keine Wertgegenstände von Ambrosini, dafür aber eine Schatulle mit wertvollem Schmuck und in einer Packung Taschentücher zwei Kreditkarten. Diese sind auf die Namen einer alten Dame und deren Tochter ausgestellt, die in einer nahen Großstadt gelebt haben. Bis sie knapp fünf Wochen nach dem Raubmord in Hessen tot in der Wohnung aufgefunden wurden. Die Ältere wurde mit ihrem eigenen eleganten Halstuch erwürgt; die Jüngere hat sich dann allem Anschein nach mit starken Schlafmitteln selbst gerichtet. Eine größere Menge Tabletten und leere Schachteln waren unübersehbar auf dem Boden verstreut.

Der überraschende Zufallsfund versetzt nun umgehend auch die Polizei in der rheinischen Großstadt in Alarm. Sie ist zunächst von einem erweiterten Suizid als Ursache für den Tod der Frauen ausgegangen. Ganz so, wie es das handschriftliche Bekenntnis der Tochter auf einer aufgeschlagenen Seite eines Rätselhefts nahegelegt hat. Dort stand: »Tut mir leid, Mama.« An dieser Theorie kommen nun erhebliche Zweifel auf, und sie werden noch größer, als sich die Ermittler Videoaufzeichnungen der Bank ansehen, bei der die beiden Frauen ihre Konten hatten. Da erscheint am späten Abend des angeblichen erweiterten Suizids eine vermummte, eher weiblich anmutende Person mit breiten Schultern am Nachtschalter, um genau zweihundertzwanzig Euro abzuheben. Ihre Einweghandschuhe verhindern, dass sie Fingerabdrücke hinterlässt.

Hier will jemand keine Zeit verlieren, um an Geld zu kommen, auch wenn es sich um eine kleine Summe handelt. Dazu passt, dass in den letzten Wochen Schmuckhändler aus drei deutschen Städten den Besuch einer verhaltensauffälligen, eher korpulenteren Frau melden. Sie wollte Ringe und Ketten gegen Bargeld einlösen, zu deren Herkunft sie keine plausiblen Angaben machen konnte. Das alles war ihnen so merkwürdig vorgekommen, dass sie den Handel ablehnten. Auch das gehört zu den Spuren und Hinweisen, die man zwischen Lahn und Rhein akribisch zusammenführt. Außerdem wird von der Verdächtigen, die mittlerweile in U-Haft sitzt, eine DNA-Probe genommen. Die stimmt im Profil mit den Spuren unter Ambrosinis Fingernägeln sowie den beiden einzelnen Haaren vom Tatort hundertprozentig überein.

Labilere Charakter würden jetzt zusammenbrechen und angesichts der erdrückenden Beweislast ein Geständnis ablegen – in der berechtigten Hoffnung, vor Gericht ein milderes Strafmaß zu erhalten. Ayla M. hingegen schweigt sich durch die polizeilichen Verhöre und die gesamte Untersuchungshaft hindurch aus, sobald es um ihre Verantwortung für die Taten geht. Sie lässt schlechte Nachrichten oder Vorhaltungen über ihre Person einfach nicht an sich heran. Das hat bei ihr eine längere Tradition, wie der vom Gericht bestellte psychiatrische Gutachter während der biografischen Arbeit schnell herausfindet. Wenigstens mit ihm redet sie.

Das Mädchen Ayla ist intelligent genug, um ein Gymnasium zu besuchen und von dort mit guten Noten nach Hause zu kommen – der Vater Automechaniker, die Mutter Hausfrau. Am Ende fällt sie wegen einer miserablen mündlichen Prüfung durchs Abitur. Einen zweiten Versuch unternimmt sie nicht. Es reicht noch für die Fachhochschule in ihrer Stadt, wo sie Medizintechnik studiert. Doch nach sieben, acht Jahren hört sie ohne Abschluss einfach auf. Das wird nun ihr Rhythmus: Immer fängt sie etwas Neues an, bis sie unvermittelt wieder abbricht, und immer tragen andere daran die Schuld.

Eine Ausbildung zur Krankenschwester hält sie eine Zeit lang durch. Dann klagt sie über Symptome von Überlastung. Sie leidet an Schlafstörungen und greift bald regelmäßig zu Beruhigungsmitteln. Irgendwann kündigt man ihr, sie soll Patienten und Kolleginnen bestohlen haben. Darauf reagiert sie zunächst mit einem Suizidversuch, der ebenfalls scheitert. Anschließend folgt eine Art Racheakt: Als Ärztin verkleidet, geht sie noch mal auf die Station und begeht dort die Diebstähle, die man ihr vorgeworfen hat. Dabei wird sie erwischt.

Ein Bürojob in einem Unternehmen setzt Ayla nach kurzer Zeit ähnlich zu. Sie lässt sich eine Kur verschreiben, nimmt zu den Schlafmitteln noch Antidepressiva und fälscht die Rezepte dafür auf gestohlenen Vordrucken. Der Trouble darüber trägt mit dazu bei, dass sie sich in eine Großstadt im Westen absetzt. Dort lernt sie auch ihre letzte feste Lebenspartnerin kennen.

Ayla arbeitet nun eine Weile an der Kasse eines Supermarkts. Aber bald kommen Vorhaltungen wegen Unstimmigkeiten bei der Abrechnung auf. Es folgen Streit, gegenseitige Vorwürfe und schließlich die Entlassung. Die Konsequenz ist ein Leben mit Hartz IV, das sie zunehmend deprimiert. Nur mithilfe ihrer Freundin kommt sie gerade so über die Runden – und ist immer am äußersten Rand des Dispokredits.

Irgendwann ist Ayla dann über dreißig, steckt bis zum Hals in Schulden und ist fest davon überzeugt, dass die anderen sie immer nur »dissen, busten und ficken« wollen. Die dissoziale Persönlichkeitsstörung mit psychopathischen Zügen, die der Gutachter bei ihr feststellen wird, lässt eine andere Wahrnehmung nicht zu. So ermächtigt sie sich selbst zu Manipulation, Lug und Betrug – außerstande, etwas anderes als die eigenen Bedürfnisse zu sehen.

Der Diebstahl in der Wohnung des Artisten ist in der Hinsicht ein Paradebeispiel. Ayla M. fand nichts dabei, den betagten Nachbarn um rund dreitausend Euro zu erleichtern. Nachdem dieser Anzeige erstattet hatte und sie im Strafregister gelandet war, schrieb sie ihm einen beleidigten Brief: »Hallo Ewald *(Name geändert)*, ich bin somit vorbestraft, und das hat mir das Genick gebrochen.« Es ist ein zynisches Dankeschön an ein Opfer, das gewagt hat, sich zu wehren.

Es könnte also auch Rache gewesen sein, die sie Jahre später noch einmal in Ambrosinis Wohnung zurückkehren und den alten Mann töten lässt. Genau weiß man das nicht, weil Ayla dem Gutachter einzig von ihren eigenen Verletzungen berichtet. Wie etwa dem sexuellen Missbrauch durch einen Freund der Familie, als sie gerade dreizehn war. Oder auch dem schwierigen Verhältnis zur Mutter, deren fordernde, bestimmende Art sie stark unter Druck gesetzt habe. Sicher ist nur, dass sie bei allen drei Morden mit einer für Frauen sehr ungewöhnlichen Brutalität vorgegangen ist, wie die Ermittler zweifelsfrei rekonstruieren.

Ayla M. hat ihr erstes Opfer demnach in der Küche mit mehreren Faustschlägen zu Fall gebracht. Anschließend setzte sie sich mit den Knien und ihrem ganzen Körpergewicht auf dessen Brustkorb. In dieser Haltung hat sie Ambrosini so lange mit beiden Händen gewürgt, bis er tot war. Danach suchte sie in aller Ruhe sämtliche Zimmer nach Wertgegenständen ab, verschwand mit einem Computer, Bargeld – und dem Schlüssel zur Wohnung. Nachts kehrte sie dann zurück, um Spuren zu verwischen und Feuer zu legen. Sie überschüttete die halbe Einrichtung mit Benzin und legte dem Toten einen mit Terpentin getränkten Lappen übers erstarrte

Gesicht. Schließlich setzte sie die Rauchmelder außer Gefecht und zündelte.

Man muss schon kaltes Blut haben, um das so planmäßig und über Stunden hinweg durchzuziehen. Aber psychopathisch veranlagte Männer und Frauen können das. Ihr Defizit, nur die eigenen Ziele vor Augen zu haben, wird in der Tatsituation zum echten Vorteil. Sie können dann alles andere ausblenden. Das ist auch die Erfahrung des britischen Kriminologen Christopher Berry-Dee, Gründungsdirektor des Criminology Research Institute (CRI), der für sein 2017 veröffentlichtes Buch *Talking with Psychopaths and Savages* mit über dreißig oftmals notorischen Mördern gesprochen beziehungsweise korrespondiert hat. »Der mörderische Psychopath ist durch seinen Mangel an Schuldgefühl oder Reue charakterisiert«, so Berry-Dee, »und ihm fehlen jegliche Hemmungen und Zurückhaltung. So eine Persönlichkeit tötet mit hoher Wahrscheinlichkeit wieder und wieder.«

So weit im Vollbild ist Ayla M. nach ihrem ersten Mord wohl noch nicht. Zwei Tage später schreibt sie einer Freundin per SMS: »Ich muss mit jemandem reden.« Bei dem Treffen ist sie in Tränen aufgelöst und deutet an, dass sie eine furchtbare Tat begangen habe. Nicht viel später legt sie wieder per SMS nach: »Ich hab Schiss, dass es noch mal vorkommt oder sogar noch schlimmer.« Ihrer ehemaligen Partnerin schreibt sie: »Ich bin kurz davor, zur Polizei zu gehen und zu sagen: Nee, hier, nehmt mich fest …«

Weiter geht sie auf diesem Weg jedoch nicht, und ihren Freundinnen ist sie entweder gleichgültig geworden – oder diese sind längst zu der Überzeugung gelangt, dass auch das nur ein neuerlicher Versuch ist, mit dramatischen Lügengeschichten Aufmerksamkeit zu erlangen.

Gleichzeitig stürzt sie von einer Verlegenheit in die andere, was ihre Finanzen betrifft. Dauernd fehlen ein paar Hundert Euro, manchmal auch mehr, und das Konto ist ständig überzogen; da geht gar nichts mehr. Später wird man feststellen, dass sie wenige Tage vor dem Doppelmord im Rheinland über siebzig Online-Kreditanträge an Banken geschickt hat, alle am selben Tag. Einmal pumpte sie sogar ihre Ex-Partnerin an: Sie wisse sonst keinen Menschen mehr weit und breit, den sie fragen könne. Ihr manipulatives Talent funktioniert noch immer.

Ein anderes Mal möchte sie ins Elternhaus zurückziehen. Doch das lehnen die Eltern ab: Ihr über dreißigjähriges Kind soll gefälligst auf eigenen Füßen stehen. Wer einmal an diesem Punkt angekommen ist, versucht so gut wie alles, um kurzfristig wieder flüssig zu werden. Der kennt irgendwann auch keine Grenzen mehr. So schlägt sie tatsächlich noch mal zu, wie sie angekündigt hat, und diesmal noch schlimmer.

Wie Ayla M. die elegante Frau jenseits der achtzig im Rheinland kennengelernt hat, ist nie ganz klar geworden. Sehr wahrscheinlich handelt es sich um eine reine Zufallsbekanntschaft auf der Straße: Sie hilft der alten Dame, Einkäufe in ihre Wohnung zu tragen. Deren teuer erscheinendes Outfit mag sie auf die Idee gebracht haben, dass bei ihr einiges zu holen ist. Gleich hinter der Wohnungstür geht sie dann im selben knüppelharten Stil gegen ihr Opfer vor wie bei Ambrosini. So hat die Polizei den Ablauf jedenfalls rekonstruiert. Sie schlägt die ahnungslose Seniorin zu Boden, kniet sich auf sie und erdrosselt sie – mit deren eigenem Halstuch, das anschließend am Geldautomaten zu ihrer Maske wird. Dann reißt sie der Toten den Schmuck vom Leib.

Die allermeisten Täter würden jetzt vom Tatort flüchten, so schnell es geht. Ayla M. wartet in aller Ruhe ab, bis die Tochter der Seniorin, die Ende fünfzig ist, in der Wohnung erscheint, und überrumpelt auch sie. Unter der Wucht der Schläge gibt ihr Opfer schnell die Geheimnummern der Kontokarten preis. Zuletzt schreibt sie auch den von Ayla M. vordiktierten Abschiedsgruß ins Rätselheft. Was ein Opfer nicht alles tut in der Hoffnung, dadurch vielleicht am Leben zu bleiben. Doch die übermächtige Fremde ist unerbittlich. Erst zwingt sie die Tochter, Schlaftabletten zu schlucken, dann drückt sie ihr mit aller Macht die Luft ab. Anschließend nimmt

Ayla alle Wertsachen an sich, die sie beim Durchsuchen der Wohnung finden kann. Sogar einige CDs sind dabei.

Das ist definitiv nicht mehr das kleine verzweifelte Mädchen, das sich bei seinen Freundinnen ausweint und zur Polizei gehen will. Sondern eine äußerst rücksichtslose, sehr strukturiert und skrupellos agierende Frau, die sich viel Zeit nimmt, das Szenario eines erweiterten Suizids zu fingieren. Unter diesem Aspekt kann sie es mit Serienmördern aufnehmen, die Kriminologen als Psychopathen oder wenigstens Delinquenten mit psychopathischen Merkmalen klassifizieren – nur dass ihre Serie dann sehr schnell beendet wird.

Alles hochgerechnet, hat Ayla M. mit den drei Morden vermutlich kaum tausend Euro Beute gemacht. Der Großteil des Schmucks ist zum Zeitpunkt ihrer Verhaftung noch nicht verkauft. In dem Licht betrachtet, entwertet die Täterin ihre Opfer ein zweites Mal. Sie hat ihnen mit äußerster Gewalt das Leben genommen, um wenigstens für ein paar Tage aus dem Gröbsten heraus zu sein. Auch das hat diese Frau mit den meisten kriminellen Psychopathen gemein: Sie kommt mit ihrer Beute nicht sehr weit.

Im Nachhinein lässt sich nicht genauer eruieren, wann sich Aylas merkwürdige Verhaltensweisen von sogenannten kleinen Macken zu einer manifesten psychopathischen Persönlichkeitsstörung ausgewachsen haben. Vor ihren Gewalttaten ist sie nur einmal für eine Woche in psychiatrischer Behandlung gewesen; das war unmittelbar nach dem Suizidversuch. Mehr ist danach nicht passiert. Dieses Laissez-faire im Umgang mit einer häufig unterschätzten und selten rechtzeitig diagnostizierten Persönlichkeitsstörung hat eine längere Tradition. So monierte der US-amerikanische Psychiater Hervey Cleckley bereits vor achtzig Jahren, was er als haarsträubende Nachlässigkeit empfand. »Personen, die Ängste, Phobien oder psychosomatische Symptome entwickeln, suchen mit einiger Wahrscheinlichkeit Hilfe bei einem Arzt«, resümierte er in seinem wegweisenden Werk *The Mask of Sanity*. »Betrachten wir andererseits jene antisozialen oder psychopathischen Persönlichkeiten, so finden wir nicht einen unter hundert, der von sich aus zu seinem Arzt geht, um sich helfen zu lassen.«

Von außen würden diese Menschen überdies kaum als Problem wahrgenommen, führt Cleckley weiter aus. Ihr Umfeld erlebe sie zunächst als gesund, kompetent sowie völlig zurechnungsfähig – bis sie durch ihr Verhalten irgendwann eine Linie überschritten. Was nicht unbedingt bedeute, dass sie alle kriminell und gewaltsam werden. Das gelte tatsächlich nur für einen kleinen Teil.

Der damalige Professor am Medical College of Atlanta in Augusta hat in dem 1941 veröffentlichten Buch nicht nur fünfzehn Fallgeschichten von Patienten aus dieser Symptomgruppe vorgelegt – dreizehn davon männlich, zwei weiblich. Sein darin entworfenes »klinisches Profil« gilt auch als die erste richtungsweisende Vorlage zur Identifikation von Psychopathen. Auf ihrer Grundlage konzipierte der kanadische Psychiater Robert Hare um 1980 seine berühmte *Psychopathy Checklist* (PCL, später überarbeitet als PCL-R). Sie enthält zwanzig standardisierte Indikatoren, für deren Auftreten entweder kein oder ein Punkt oder zwei Punkte vergeben werden. Je nachdem, wie hoch das Gesamtresultat ausfällt, spricht man am Ende von einem auffälligen High Score oder einer voll entwickelten Psychopathie.

Inzwischen herrscht ein gewisser Konsens, dass dieser Test wie jede standardisierte Methode der Psychoanalyse auch Schwachstellen hat. Dennoch ist der PCL-Score weiter einer der entscheidenden Parameter bei der Einschätzung von Delinquenten. Sein Wert hat Gewicht, wenn es bei der Bemessung des Strafmaßes um die Entscheidung über eine anschließende Sicherungsverwahrung geht. Oder um die Einschätzung der latenten Gefährlichkeit eines oder einer Strafgefangenen hinsichtlich der individuellen Legalprognose.

Auch in der Hinsicht hat Ayla M. schlechte Karten. Als sie ab Anfang 2017 vor dem Landgericht ihrer Heimatstadt steht, hält ihr der Staatsanwalt die »extrem ungünstige« Prognose vor. Diese hat der psychiatrische

Gutachter nach ausführlichen Gesprächen und Tests ermittelt. Das ist kaum überraschend, wenn man ihr Verhalten einmal mit Cleckleys Profil abgleicht. Etliche Verhaltensmuster, die der »Vater der Psychopathie« da aufreiht, kommen einem bekannt vor. Zum Beispiel: »Unzuverlässigkeit«, »Unaufrichtigkeit, Unsicherheit«, »Mangel an Reue oder Scham«, »unangemessen motiviertes, antisoziales Betragen«, »Teilnahmslosigkeit in allgemein zwischenmenschlichen Beziehungen« und das »Versäumnis, einem Lebensplan zu folgen«.

Die Angeklagte hätte versuchen können, der miserablen Beurteilung aus dem Gutachten etwas entgegenzusetzen, indem sie sich in irgendeiner Weise erklärt. Stattdessen schweigt sie im Schatten ihres Verteidigers über rund hundert Prozesstage vor sich hin. Das verstärkt das Erscheinungsbild einer stumpfen, monströsen Persönlichkeit. Der einzige regelmäßige Blickkontakt gilt ihren Eltern, die in der ersten Reihe der Zuschauer hinter einer transparenten Wand aus Sicherheitsglas sitzen. Entsprechend ist die Berichterstattung über den Prozess kaum dazu angetan, ein gewisses Verständnis, vielleicht sogar Nachsicht für die dreifache Mörderin zu wecken. Ihr breites, meist ausdruckslos wirkendes Gesicht findet sich in jeder Zeitung, weil sie darauf verzichtet, es beim Betreten des Gerichtssaals hinter einem Aktendeckel zu verstecken.

Die Aufmerksamkeit ist groß in diesem Fall, läuft er

doch scheinbaren Gewissheiten über weibliche Kapitalverbrechen zuwider. Wenn Frauen töten, trifft es in aller Regel Menschen in ihrem Umfeld, die sie unterdrücken oder frustrieren. Es sind klassische Beziehungs- und Befreiungstaten von begrenzter Gewalt. Hier aber geht es um eine Serie brutaler Übergriffe aus purer Habgier und vielleicht auch aus Rache heraus, die bevorzugt an Zufallsbekanntschaften verübt wurden. Mit so wenig Ertrag, dass sich selbst der Leiter der hessischen Soko wundert, warum die überschuldete Frau nicht einfach eine Handtasche gestohlen oder eine Tankstelle ausgeraubt habe.

Doch für eine Frau mit psychopathischen Wesenszügen, wie der Gutachter sie ihr attestiert, besteht zwischen einem Taschendiebstahl und einen Raubmord im Zweifel kein wirklicher Unterschied. Das eine bedeutet ihr ebenso wenig wie das andere, und das ist der eigentliche Horror dabei.

Ayla M. erfüllt eben auch in kriminologischer Hinsicht keine konventionellen Rollenbilder. Sie steht in der überschaubaren Tradition von Serientäterinnen mit starken egoistisch-egozentrischen Tendenzen, die ausgesprochen rücksichtslos, aggressiv und gefühlskalt vorgehen und die Gesellschaft dadurch schockieren. Ähnlich wie die US-Amerikanerin Aileen Wuornos, die von 1989 bis 1990 in einer wilden Mischung aus prekärer Not, Verzweiflung über ihr Leben und Männerhass insgesamt sieben Männer tötete, denen sie als Gelegenheitsprostituierte begegnete. Wuornos wurde im Oktober 2002 in einem Gefängnis in Florida mit einer tödlichen Injektion hingerichtet – und ein Jahr später im Film *Monster* von Charlize Theron auf beeindruckende Weise verkörpert.

Was die Kraft ihrer Arme betrifft, erinnert Aylas Fall jedoch eher an den von Juana Barraza. Die frühere Show-Ringerin aus der mexikanischen Provinz Hidalgo gab sich von 1998 bis 2006 als Mitarbeiterin der Sozialfürsorge aus, um sich in Mexico City das Vertrauen älterer Frauen zu erschleichen. Einmal in deren Wohnung, erschlug oder erstickte sie diese und machte sich alsdann mit Bargeld und Wertgegenständen davon. Die Spur der tödlichen Heimsuchungen war so furios, dass die Medien in der Mega-City jahrelang einen männlichen Serientäter vermuteten. Als sich der mittlerweile von einem Spezialkommando gesuchte Ripper schließlich als »La Dama del Silencio« erwies, war der Schrecken umso größer.

Insgesamt sollen über vierzig Raubmorde an Frauen jenseits der sechzig auf Barrazas Konto gehen; vor Gericht musste sie sich lediglich für sechzehn davon verantworten. Am Ende reichte den Geschworenen die unzweifelhafte Evidenz, um sie im Frühjahr 2008 zu einer Haftstrafe von siebenhundertneunundfünfzig Jahren zu verurteilen. Man muss kein Prophet sein, um ihr einen Tod hinter Gittern vorauszusagen, und aller Voraussicht nach gilt das auch für Ayla M. – auch wenn sie die ihr zu Last gelegten Taten bis heute nicht gestanden hat.

Es war ein Indizienprozess, der sich da über ein Jahr am Landgericht erstreckte: keine Tatzeugen, kein Schuldbekenntnis. Am Ende aber erschien das »komplexe Netz eindeutiger Hinweise«, von dem der Staatsanwalt spricht, hinreichend überzeugend. In der Tat gab es kaum ein Indiz, das nicht gegen die Angeklagte sprach – von dem Diebesgut, das bei ihr gefunden wurde, über Textnachrichten an Freundinnen bis hin zu den DNA-Spuren. Das alles türmte sich zu einem Berg an Beweislast auf, vor dem die Angeklagte kommentarlos resignierte.

Ein merkwürdiges Detail ist bei den Ermittlungen der Polizei zwischen Hessen und dem Rheinland allerdings ohne Aufklärung geblieben. Das betrifft eine Sammlung von teils hochwertigen Fotokameras, die man in der Wohnung der Verurteilten fand. Sie stammen nachweislich weder aus dem Besitz Ambrosinis noch aus dem der beiden im Rheinland getöteten Frauen. Auch will niemand eine entsprechende Leidenschaft fürs Fotografieren bei Ayla M. bemerkt haben. In Polizeikreisen wurde noch lange darüber spekuliert, ob diese Kameras vielleicht von einem weiteren Raubüberfall stammen. Eine letzte Gewissheit gibt es bis heute nicht. Auch darüber schweigt sich Ayla M. aus, obwohl sie nichts mehr zu verlieren hätte. Und der Mensch, den sie eventuell bestohlen hat, wäre wohl kaum in der Lage, dazu noch etwas zu sagen.

Im Tunnel

Der Lärm ist furchtbar. Er bricht von einer Sekunde auf die andere aus und beherrscht sofort die Straße Obrancu míru am Strossmayer-Platz in Prag. Wer sich an diesem sehr warmen Sommernachmittag hier aufhält, bleibt entweder fassungslos stumm oder beginnt, laut zu schreien. Die Menschen an der Bushaltestelle schreien vor Schmerzen, die Augenzeugen drum herum schreien vor Entsetzen. Sie müssen zusehen, wie ein Lastwagen der Marke Praga mit vollem Tempo in den Pulk der Wartenden hineinrast. Einige von ihnen werden später sagen, dass sie zunächst nicht glauben wollten, was da vor ihren Augen geschieht. Das Grauen kommt immer zu unvermittelt, um es sofort und in vollem Umfang zu verstehen.

Der Krach ist furchtbar. Etwas explodiert mit gewaltiger Wucht in dem Mietshaus, das mitten in einer badischen Kleinstadt steht. Der Druck lässt Fenster zerspringen und reißt ein Stück der Außenwand heraus.

Im nächsten Moment bricht Feuer im Erdgeschoss aus. Die Flammen züngeln sich schnell die Fassade empor, man hört Rufe dahinter und verzweifelte Schreie. Auf der Straße eilen Passanten zusammen. Sie wissen nicht recht, ob sie ins Haus hineingehen können, um zu helfen, oder ihre eigene Haut retten sollen. Einige Bewohner:innen werden später sagen, dass sie an den Aufprall eines Flugzeugs, an ein Erdbeben oder eine Gasexplosion gedacht haben. Das Grauen kommt auch hier zu unvermittelt, um es sofort und in vollem Umfang zu verstehen.

Es ist ein heißer Sommertag in Prag, dieser 10. Juli 1973. Die Polizisten, die nach Hostivar gerufen werden, einem Viertel im Osten der tschechoslowakischen Hauptstadt, haben eigentlich lange genug in ihren Uniformen geschwitzt. Sie wollten schon Feierabend machen, um vielleicht noch ein Eis essen oder ein erstes kaltes Bier trinken zu gehen. Stattdessen geraten sie in eine chaotische Situation, die sie nie vergessen werden.

Und es ist ein Spätsommerabend im Herbst 2010, als Polizeibeamte und Feuerwehrleute im Zentrum der badischen Kleinstadt zusammenströmen. Einige von ihnen glauben vor dem brennenden Haus eine »Person« gesehen zu haben, die mit einer Maschinenpistole um sich schießt. Sie warnen alle Passanten und geben eine entsprechende Meldung an die Funkzentrale durch.

Zwei völlig verschiedene Orte, zwei völlig verschiedene Zeiten – und doch ein ähnliches Szenario. Wenn es einmal knallt, ist eben alles zu spät, wie man so sagt. Dann können Polizei- und Rettungskräfte in der Regel nur noch Tote bergen und Verletzte versorgen. Können Zeugen beruhigen oder vernehmen, je nach Zustand, und sich mühen, Angst und Verunsicherung in Grenzen zu halten. Das ist schon heftig genug, wenn es um eine Naturkatastrophe oder einen tragischen Unfall geht. Manchmal aber steckt »nur« ein einzelner Mensch dahinter, was im Zweifel noch mehr schockiert – weil sich an solchen Katastrophen ermessen lässt, welche Sprengkraft in seiner inneren Verfassung liegt. Man nennt es Amok, und es gehört nicht mehr als ein einziger entfesselter Mensch dazu.

In Prag macht die Polizei ohne jede Mühe eine zierliche junge Frau mit einem fransigen Pony als Urheberin der Katastrophe aus. Sie steht mit einer Zigarette an dem Lastwagen, während man sich an der Haltestelle um ihre blutigen Opfer kümmert. Sieben Packungen Tabak sind ein Hinweis, dass Olga Hepnarová, zwanzig Jahre alt, sich in Erwartung längerer Verhöre bevorratet hat. Ansonsten verliert sie in diesen ersten Momenten kein Wort. Sie macht keine Anstalten zu fliehen und lässt sich widerstandslos verhaften.

In der badischen Kleinstadt fällt bald eine dunkelblonde Frau auf der Straße auf. Sie läuft mit einer Kleinkaliberpistole und einem Fahrtenmesser in Richtung eines Krankenhauses und schießt um sich. Die Kugeln treffen einen Passanten am Kopf und einen weiteren im Rücken. Dann stürmt sie in den ersten Stock hinauf in die gynäkologische Station. Dort verletzt sie einen Pfleger, der sich ihr entgegenstellt, mit dem Messer, bevor sie ihn erschießt. Beim anschließenden Feuergefecht mit den eintreffenden Polizisten wird Johanna S. *(Name verändert)*, 38 Jahre alt, selbst tödlich getroffen.

Das mag hüben wie drüben zunächst so aussehen wie die spontane Entgleisung einer schwer gestörten Persönlichkeit. Doch in Wahrheit ist der erste Amoklauf einer Frau in der Tschechoslowakei so berechnend vorbereitet wie der mutmaßlich erste Amoklauf einer Frau in Deutschland. Damit erfüllen die beiden blutigen Gewalttaten eines der wichtigsten Merkmale dieser Kategorie: Sie sind keine aus dem Affekt geborenen Raserei, sondern recht genau das Gegenteil.

Olga Hepnarová hat an diesem Morgen zunächst ihr eigenes Auto, einen Trabant, auf dem Weg nach Prag die Klippen runterstürzen lassen. Dann lieh sie sich nach einer Testfahrt den Lkw aus und steuerte damit zielstrebig die erstbeste größere Menge an. Sie wollte so viele Menschen wie möglich töten, wie sie in einem Brief an zwei Prager Tageszeitungen festhielt. Den warf sie auf ihrem Weg in die Hauptstadt bei einem Postamt ein. Ihr Anschlag fordert insgesamt acht Menschenleben und verletzt mehr als dreißig Opfer zum Teil schwer. Hier ist ein skrupelloser, aber klarer Fahrplan aufgegangen.

Johanna S. wiederum hat sich vor diesem Abend etliche Kanister Nitroverdünnung besorgt und Munition für ihre Kleinkaliberwaffen zurechtgelegt. Als sie gegen Abend mit dem getrennt von ihr lebenden Ehemann in Streit gerät, der den gemeinsamen Sohn abholen will, schießt sie ihm mehrfach in den Kopf. Danach erstickt sie das Kind, wie rekonstruiert wird, und setzt die Wohnung in Brand. Die verkohlten Leichen werden später im ausgebrannten Haus entdeckt. Beim Sturm aufs Krankenhaus verletzt sie zwei Menschen schwer und tötet den Krankenpfleger. Dazu kommen fünfzehn Anwohner, die Rauchgasvergiftungen erleiden.

Dem öffentlichen Entsetzen über die Taten folgt in beiden Systemen eine fieberhafte Suche nach Erklärungen. In der tschechoslowakischen Republik möchte die Staatsanwaltschaft allzu gern von einem simplen kognitiven Aussetzer ausgehen, bei dem Olga Hepnarová die Kontrolle über den Lastwagen verlor. Das wäre ihr lieber als das Drama eines psychisch gestörten Menschen, wie er nach der offiziellen Lesart des Warschauer Pakts nur im ausbeuterischen Westen vorkommt. Sie selbst aber betont wieder und wieder, »dass sie ihre Tat absichtlich und in vollem Bewusstsein begangen habe«, wie sich ein ehemaliger Polizeirat und Ohrenzeuge später gegenüber dem tschechischen Rundfunk erinnert.

Politische Motive, nach denen auch der Staatsschutz forscht, habe sie nicht. Bei anderer Gelegenheit ringt sich die Geständige zu einer »Entschuldigung« durch, die alles nur umso grausamer erscheinen lässt.

»Wenn es um die Toten und Verletzten durch meine Tat geht, da empfinde ich keine Reue«, gibt sie zu Protokoll. »Was mir leidtut, ist der Sachschaden, den ich verursacht habe. Das war wirklich ein Versehen.« Grenzenloser kann der Hass auf alles und alle kaum ausfallen.

Im Deutschland während der Merkel-Ära befasst sich bald jede größere Redaktion mit einer »Todesnacht« ohnegleichen. Bis dahin ging man gern davon aus, dass diese Art des Verbrechens psychotischen Gymnasiasten und religiös bis ideologisch motivierten und radikalisierten Extremisten vorbehalten ist. Das ist auch bequemer so. Diesmal aber geht es um eine Akademikerin mit besten Referenzen, die von einem Tag auf den anderen die Seiten wechselt: von der eingetragenen Rechtsanwältin, die sich aufs Argumentieren versteht, zur entfesselten Furie, die, ohne zu zögern, Tatsachen schafft – und einfach nicht mehr einzufangen ist. Nachbarn hatten die vor wenigen Monaten Zugezogene als »aufgeschlossene, sympathische Frau« erlebt, wie einer von ihnen dem *Spiegel* schildert. Sie hat sich bei ihm wie bei anderen im Haus persönlich vorgestellt, das war ihm aufgefallen. Viel mehr wusste allerdings keiner, und ein Abschiedsbrief ist nirgendwo gefunden worden.

In der zweiten Reaktion auf den Fall wird man hinterfragen, warum Johanna S. immer noch im Besitz mehrerer Schusswaffen war – ihre Mitgliedschaft in einem Sportschützenverein wurde mehr als zehn Jahre zuvor beendet. Und tatsächlich werden die Gesetze dazu bald strenger gefasst. Doch die Psychogenese hinter den Ereignissen ist damit natürlich nicht aufgearbeitet; das kann und will die Gesetzgebung auch gar nicht leisten.

Letztlich kommt in Prag wie im Badischen eine beunruhigende Wahrheit ans Licht: Die gewaltsamen Exzesse sind in aller Stille sowie auf längere Sicht projektiert und umgesetzt worden. Sie sind das alleinige Werk ausgesprochen intelligenter Frauen, die bislang nie kriminell in Erscheinung getreten sind. Aber was bedeutet diese Tatsache schon, wenn bestimmte Ereignisse nicht nur ihr Leben, sondern mittelbar auch ihr Mindset gründlich verändern? Und wie lange kann eine vulnerable Seele das aushalten, wenn immer mehr Druck auf ihr lastet?

Olga Hepnarová wächst in Prag zunächst ohne erkennbare Probleme auf. Der Vater ist Angestellter bei einer Bank, die Mutter Zahnärztin. Es gibt zwei Geschwister, einen gehobenen Lebensstandard und gute Schulen in der Stadt. Unter der makellosen Oberfläche aber beginnt es früh zu brodeln. Das legen ihre Aussagen gegenüber der Polizei sowie einem Psychiater nahe, der sie in Untersuchungshaft öfter besucht. »Alle Erwachsenen in meiner Familie behandeln mich so, als ob ich ein Findelkind wäre«, sagt sie da etwa. Und: »Auch meine ältere Schwester stand mir negativ, ja sogar feindlich gegenüber. Schon damals hat das angefangen, was so weit ging, dass meine Seele vollkommen entstellt war.«

Mal unterschätzt und mal benachteiligt, mal drangsaliert und mal gemieden: Da baut sich ein kluges und sensibles, aber labiles Mädchen eine beklemmende Erzählung von sich und ihrer Umgebung zusammen. Darin ist sie das eindeutige, von niemandem geliebte Opfer. In dem Sinne wird auch der Psychiater Pavel Pavlovsky sich viele Jahre nach den gemeinsamen Gesprächen erinnern. »Unser Eindruck war, dass wir eine junge Frau vor uns haben, die sich schon ihr ganzes Leben lang verletzt fühlt«, schildert er dem tschechischen Rundfunk. Und fährt fort: »Ihrer Meinung nach lag das auch an der elterlichen Erziehung. In der Schule verstärkte sich dann das Gefühl der Minderwertigkeit, aber auch die Bereitschaft zum Kampf gegen ihre Mitmenschen …«

Pavlovsky erfährt damals auch von den ersten homoerotischen Fantasien, die das Mädchen mit den feinen Gesichtszügen in der Pubertät beschäftigen. Fantasien, die es offenbar bekämpft. Das trägt ebenfalls nicht dazu bei, dass Olga ein robusteres Selbstbewusstsein entwickelt. Ganz im Gegenteil steigert sie sich allmählich in einen Verfolgungswahn hinein: Alle wollen mich nur verletzen. Dieser Gedanke führt als Erstes zum Rückzug. Sie verbringt immer mehr Zeit allein im Ferienhaus der Familie in Nordböhmen, fährt stundenlang in ihrem Trabbi umher. Das erdet sie zeitweise. Trotzdem gibt es bald erste Grenzüberschreitungen.

Eines Tages legt Olga an dem Ferienhaus Feuer. Ihre Schwester und mehrere Verwandte können den Flammen gerade noch entkommen. Wirklich aufgearbeitet wird der Zwischenfall offenbar nicht, und die Gewaltbereitschaft der jungen, narzisstisch gekränkten Frau nimmt eher noch zu. Sie hat nach wie vor »den Drang, sich an der Gesellschaft zu rächen«, wie Pavlovsky in seinem Gutachten konstatiert. So kann man den Anschlag auf die Bushaltestelle beim Strossmayer-Platz nur als Finale furioso verstehen. Hier kann sich der Hass auf alle mit maximaler Wucht entladen. In dem Sinne ist auch der Brief abgefasst, den Olga unmittelbar zuvor an die beiden Prager Zeitungsredaktionen verschickt. Er lässt nicht den geringsten Zweifel an ihren zynischen, menschenverachtenden Absichten.

»Ich bin ein zerstörter Mensch, vernichtet von den Menschen«, heißt es darin. »Ich habe also die Wahl: Entweder ich bringe mich um, oder ich töte andere. Und ich habe mich entschieden: Ich zahle meinen Peinigern alles zurück. Wenn ich als unbekannter Selbstmörder abgehen würde, dann würde ich es euch zu leicht machen ... Ich, Olga Hepnarová, Opfer eurer Bestialität, verurteile euch zum Tode durch Überfahren. Ich verkünde dabei, dass für mein Leben x Menschen noch zu wenig sind. Acta non verba.«

Handeln, nicht (mehr) reden: Das wird fast vierzig Jahre später auch die Maxime von Johanna S. Nur dass die dreifache Mörderin aus Baden-Württemberg kaum Hinweise auf ihr Innenleben vor dem Amoklauf hinterlässt – und nachher ist sie tot.

Gesichert ist, dass ihr Leben bis dahin in festen, geordneten Bahnen verlief. Schule, Studium, Beruf: Die kluge, gut organisierte Frau ist da ohne Probleme durchgekommen. Später bekommt sie auch die eigene Familie, die ihr vorschwebt – wenn auch mit einiger Verzögerung. Erst mal muss sie durch die seelischen Qualen von zwei Fehlgeburten gehen, die sie nicht zuletzt dem Personal im Krankenhaus ankreidet: Da gebe es Ärzte und Pfleger, streut sie in ihrem Umkreis, die einfach nicht kompetent genug für den Job sind. Die Toleranz für Dinge, die misslingen, ist bei dieser Erfolgsfrau nicht sehr ausgeprägt, und mit hoher Wahrscheinlichkeit wird genau das ihr Problem.

Irgendwann jenseits der dreißig bekommt Johanna jedenfalls doch noch ein gesundes Kind. Aber der Junge ist kaum fünf Jahre alt, als ihr Mann sie wegen einer anderen Frau verlässt. An dem Punkt geht ihr beharrlich verfolgter Lebensentwurf wie eine kostbare Vase in die Brüche. Es folgt, was sie noch gar nicht kennt, eine deprimierende Phase in unsicheren Verhältnissen. Johanna muss sich neu erfinden, wie man so leichthin sagt. Das kann theoretisch auch ein spannender Aufbruch werden, doch davon ist sie meilenweit entfernt. Das zeigt schon die Art, wie sie den neuen Nachbarn ihre Situation nach dem Umzug in eine eigene Wohnung mit angeschlossener Kanzlei schildert. Demnach lebt der Junge hauptsächlich bei ihr und werde ab und an vom Vater abgeholt. Nach den Erkenntnissen der Behörden verhält es sich genau umgekehrt.

Da müht sich eine tief verunsicherte Frau, nach außen ein bestimmtes Bild zu wahren, obwohl ihr die Kontrolle über die Dinge längst entglitten ist. Dazu kommt die demütigende Erfahrung, gegen eine andere Frau ausgetauscht worden zu sein. Schwäche zu zeigen ist für sie, die bisher alles erreicht hat, keine echte Option. Hat sie sich das bei ihrem Aufstieg von den Männern in ihrer Berufswelt abgeguckt, diesen ach so seriösen, allzeit beherrschten Anwälten und Richtern? Wenn dem so wäre, baute sich der innere Druck dadurch im Zweifel nur umso schneller auf.

Johanna S. bereitet jedenfalls in aller Stille ein furchtbares Worst-Case-Szenario vor. Niemand hortet ohne Grund eine ganze Batterie von Kanistern mit Nitroglycerin sowie mehr als dreihundert Schuss Munition in der Wohnung. Das alles ist einzig für den gewissen Abend gedacht, an dem der Ex wieder auftaucht. Jener geliebt-gehasste Mann also, mit dem sie wegen des Umgangs- und Sorgerechts für den Sohn über Kreuz liegt. So schwer und beharrlich, dass die Nachbarn den lauten Streit regelmäßig durch Decken und Wände hören, wie einige später berichten werden.

Dass sie diesen Mann tatsächlich erschießt, ist im Grunde furchtbar genug. Die Tötung des gemeinsamen Kindes erscheint hingegen als absolut monströse Tat. Sie mag ein Indiz für den dissozialen Zustand der Täterin sein. In ihrem abgrundtiefen Hass will Johanna alles vernichten, was mit dem Ex in Zusammenhang steht. Sie hat jegliche Empathie für andere Menschen verloren und setzt sich über alle Hemmschwellen hinweg. Das ist nur möglich, weil der Kern ihrer Persönlichkeit in der Hitze grenzenloser Wut und Verzweiflung zu schmelzen beginnt. Sie ist nicht mehr die besonnene Mutter, Anwältin und Nachbarin, sondern überlässt sich den dunkelsten Seiten ihres Egos – und stellt auf Autopilot.

Das bringt sie auch dazu, die Kanzlei, die sie erst ein Dreivierteljahr zuvor eingerichtet hat, in dieser Nacht buchstäblich in die Luft zu jagen. Sowie auf jeden zu schießen, der ihr auf der Straße in die Quere kommt. Eine alte Frau mit Gehhilfe. Ein Spaziergänger mit einem kleinen Kind. Ein fahrendes Auto, dessen Insassen sie nicht mal erkennen kann. All diese beweglichen

Ziele – denn mehr sind sie für die Schützin gerade nicht – haben großes Glück, dass die Kugeln sie verfehlen. Anders der Pfleger auf der gynäkologischen Station: Er muss einen hohen Blutzoll dafür entrichten, dass Johanna S. seine Abteilung noch immer für ihre Fehlgeburten verantwortlich macht. Und auf jeden losgeht, der sich ihr entgegenstellt.

In diesem Zustand von »Nothing left to lose« hat auch jeglicher Gedanke an Bestrafung oder den eigenen Tod bei einem Schusswechsel allen Schreck verloren. Das Ende wird fest einkalkuliert, wenn nicht bewusst angestrebt. Johanna weiß genau, was sie erwartet, wenn sie auf der Station das Feuer auf die Polizisten eröffnet und einen von ihnen lebensgefährlich trifft. Sie stirbt, noch bevor man sie notärztlich versorgen kann – an einem Ort, wo es sonst rund um die Uhr um neues Leben geht. Aber auch: Genau da, wo erstmals ein wichtiges Projekt für sie auf tragische Weise gescheitert ist. Ähnlich konnte sich Olga Hepnarová ausmalen, wohin der Weg für sie führt: Noch galt in der Tschechoslowakei die Todesstrafe für Verbrechen von diesem Ausmaß.

Es ist ein aufsehenerregender Prozess, der da im Frühjahr 1974 am Prager Stadtgericht geführt wird. An seinem Ende wird die Angeklagte im April 1974, wie zu erwarten, zum Tode verurteilt. Dass dann noch mal elf Monate bis zur Vollstreckung vergehen, ist auch einem Gnadengesuch durch die Familie geschuldet. Interimspräsident Lubomír Štrougal lehnt es in Vertretung des erkrankten Ludvík Svoboda nach längerem Zögern ab. So wird die inzwischen Dreiundzwanzigjährige im März 1975 als letzte Delinquentin in der Geschichte der tschechoslowakischen Republik im Gefängnis Pankrac zum Galgen geführt. Unmittelbar davor gibt sie erstmals seit der Verhaftung ihre beherrschte Fassade auf, wie ihre Henker später erzählen: Sie erleidet einen Nervenzusammenbruch.

Olga Hepnarová und Johanna S. haben mit ihren ungebremsten, aber kühl vorbereiteten Gewaltattacken jeweils den Punkt erreicht, von dem kein Weg mehr zurückführt. Das ist fester Teil ihres Plans gewesen. Auf diese horrende Art erinnern sie mich an die »Weird Sisters« in Shakespeares *Macbeth*. Das sind die drei übernatürlichen, schicksalhaften Wesen, die dem schottischen König bei seinen blutrünstigen Taten soufflieren. In ihrer dämonischen Zwischenwelt haben etablierte Ordnungen wenig Bedeutung; dafür gewinnt das Unerhörte, Verbotene an Macht. So sagt eine von ihnen in der vierten Szene: »Ich bin einmal so tief in Blut gestiegen / Dass, wollt' ich nun im Waten stille stehen / Rückkehr so schwierig wär' als durch zu gehen.«

Den Begriff »Amok« wird man in der gut vierhundert Jahre alten Tragödie vergeblich suchen. Er war damals weder im Englischen noch im Deutschen geläufig.

Später wurde er allenfalls sporadisch aufgegriffen – in Anlehnung an die malaiischen Wörter »amuk« für wutschäumenden Zorn beziehungsweise »mengamuk« für den spontanen, todesverachtenden Angriff bewaffneter Krieger auf feindliche Truppen. Doch das Durchgehen, von dem bei Shakespeare die Rede ist, beschreibt die besondere Dynamik solcher Gewalttaten schon sehr gut. Ihre Akteure befinden sich in einem Tunnel, den sie ohne jede Rücksicht auf andere durchschreiten. Sie handeln wie vereinbart, und zwar wie vereinbart mit sich selbst, ohne den Bruchteil einer Sekunde innezuhalten. Man könnte auch sagen: so mechanisch wie ein Roboter.

»Scheinbar unbewegt«: Diese Zuschreibung fehlt in den Medien so gut wie nie, wenn heute über einen Amokfall berichtet wird. Was da als Zeichen für eine extreme Gefühlskälte genommen wird, ist für forensische Psycholog:innen jedoch eher Ausdruck einer eigenartigen seelischen Taubheit. Sie befassen sich immer intensiver damit, das spezifische Profil von Amokläufer:innen zu zeichnen sowie die Vorgeschichte ihrer Taten abzugleichen. Diese Arbeit wird von einer hehren Idee getragen: Je mehr man über die Psychogenese des Amoklaufs in Erfahrung bringt, desto größer erscheint die Chance, ihn schon im Vorfeld erkennen und dadurch verhindern zu können. Nicht von ungefähr trägt das 2010 veröffentlichte Buch *Amok* von Britta Bannenberg einen so programmatischen Untertitel: *Ursachen erkennen – Warnsignale verstehen – Katastrophen verhindern.*

Die ausgewiesene Rechtswissenschaftlerin und Kriminologin von der Uni Gießen hat für ihre ambitionierte Forschung fünfundzwanzig sogenannte *School Shootings* von Jugendlichen in Deutschland untersucht. Wenn sich deren Hauptpersonen in bestimmten Merkmalen gleichen, so betrifft das an erster Stelle die auffallend labile Persönlichkeit. Es sind eher leise, introvertierte sowie in aller Regel kontaktarme Charaktere, die sich unterdrückt und gedemütigt fühlen. Sie steigern sich in einem Prozess der extremen Selbstradikalisierung in einen tiefen Hass auf andere wie meist auch auf sich selbst hinein. Bis sie irgendwann keinen anderen Ausweg aus ihrem Dilemma sehen als Mord und Suizid, häufig in Kombination. Dann bricht scheinbar unvermittelt ein Vulkan aus. Der Trigger kann ein Gewaltfilm oder das exzessiv betriebene Egoshooter-Spiel sein, aber auch der simple Zugang zu einem Waffenschrank. So wie im viel beachteten Fall des siebzehnjährigen Gymnasiasten und Sohn eines Sportschützen, der im Frühjahr 2009 in Winnenden und Wendlingen fünfzehn junge Menschen einschließlich sich selbst erschießt. Auch diese Tat hat Bannenberg in ihrem Projekt untersucht.

»Er hat lange geplant, und das blieb weitgehend verborgen, kam aber doch an der einen oder anderen Stelle zum Vorschein«, resümierte die Kriminologin 2014 gegenüber dem Deutschlandfunk. Dieses Verhalten ist für Amoktäter so typisch, dass es inzwischen als »Leaking« bezeichnet wird. Darunter versteht man eine verkappte Ankündigung, bei der die fatalen Absichten eher tröpfchenweise und angedeutet kommuniziert werden.

Ein bisschen Rauch steigt also doch aus dem Vulkan, und damit man ihn besser lesen kann, hat ein Team um den Diplom-Psychologen Dr. Jens Hoffmann am Institut Psychologie und Bedrohungsmanagement in Darmstadt ein Früherkennungssystem zum Einsatz an Schulen entwickelt. DyRiAS (Dynamische Risiko Analyse Systeme) ist ein komplexer Online-Fragebogen, in dem Schulpsychologen und Pädagogen alle relevanten Informationen über auffällige Jugendliche festhalten und nach einem vorgefertigten Schema auswerten können. Er geht davon aus, »dass eine schwere, zielgerichtete Gewalttat immer den Endpunkt eines Entwicklungsweges darstellt«, wie es in der Broschüre zum Modul heißt. Also kreisen die Fragen um »charakteristische Merkmale im Verhalten und in der Kommunikation des späteren Täters«.

»Beschäftigt sich die Person auf positive Weise mit Amoktaten oder realen Gewalttaten, beispielsweise in lobenden Äußerungen, Videos oder schriftlich?«, heißt es da etwa. Oder: »Zeigt sich die Person fasziniert von Themen wie Militär, Krieg oder Waffen?« Solche Tools können helfen, die Zahl der *School Shootings* nicht weiter anwachsen zu lassen und auch Nachahmungstäter frühzeitig zu erkennen. Das ist schwierig genug, weil sie sich im Vorfeld oft an anderen, prominenten Fällen orientieren. Für sie werden Täter wie die zwei Jugendlichen, die an der Columbine High School in Colorado 1999 zwölf Mitschüler, einen Lehrer und sich selbst erschossen haben, zu regelrechten Vorbildern. Man weiß von einem der Mittäter in Winnenden, dass er im Internet ausführlich über das Columbine-Massaker recherchiert hat. Und von jenem rechtsradikalen, achtzehnjährigen Deutsch-Iraner, der im Sommer 2016 am Olympia-Einkaufszentrum in München neun fremdländisch anmutende Menschen erschoss, um ein Zeichen gegen Zuwanderung zu setzen. Er hatte Zeitungsausschnitte und das Buch eines amerikanischen Psychologen über Amokfälle gesammelt. Dazu hatte er den Tatort in Winnenden vor seiner Nachahmungstat gleich zweimal aufgesucht; er war sein persönlicher Wallfahrtsort.

Sollte durch diesen und andere prominente Fälle jedoch der Eindruck entstanden sein, dass Amok hierzulande bloß ein Synonym für die *School Schootings* von Jugendlichen sei, so ist diese Idee bald auf das Brutalste korrigiert worden. Es ist kein Heranwachsender, sondern ein knapp vierundzwanzigjähriger Tunesier mit islamistischem Hintergrund, der im Dezember 2016 einen Fernfahrer ermordet, um anschließend mit dessen Sattelzug in die Menschenmenge auf einem Berliner Weihnachtsmarkt zu rasen. Es ist ein neunundzwanzigjähriger Deutscher mit einer schweren gemischten Persönlichkeitsstörung, der im Februar 2020 im nordhessischen Volkmarsen mit seinem Auto in das Publikum eines Rosenmontagsumzugs rast. Und es ist ein einundfünfzigjähriger Mann mit einer schweren Persönlichkeitsstörung, der Ende 2020 mit einem Geländefahrzeug im Zentrum von Trier Jagd auf Fußgänger macht. Drei Amokfahrten mit entsetzlichen Kollateralschäden, die zumindest vom Ablauf her an den Höllenritt der Olga Hepnarová erinnern.

Jedes Mal wurde dabei ein Fahrzeug als Waffe eingesetzt, so wie der Statistik zufolge in zwölf Prozent aller Amoktaten, und zumindest zwei der drei Täter hatten sich über einen längeren Zeitraum hinweg in bestimmte wahnhafte Vorstellungen hineingesteigert. So war der gebürtige Tunesier davon überzeugt, mit seiner Tat in Berlin die weitere Ausbreitung des IS unterstützen zu können. Der Amokfahrer von Trier wiederum gab bei Verhören an, dass man ihm als Kind für eine Versuchsreihe radioaktive Spritzen verabreicht habe. Die Tatsache, dass weder ein Notar, den er ansprach, noch die Polizei seine Schadenersatzforderungen in sechsstelliger Höhe ernst genommen hätten, habe ihn wütend gemacht.

In ihrer eigenen Gedanken- und Gefühlswelt sind Amoktäter eben fast ausnahmslos verkannt und benachteiligt, verletzt und gedemütigt. Sie sehen sich als Opfer, deren Lebenschancen ruiniert worden sind. Oft genug kommen auch eher profane Probleme und Krisen als Brandbeschleuniger dazu. Bei dem Fall in Trier zum Beispiel wurde schnell bekannt, dass der Gewalttäter arbeitslos sowie ohne festen Wohnsitz war und hohe Schulden bei Krankenversicherungen hatte. Auch das hat eine gewisse Tradition. So berichtete der venezianische Kaufmann und Entdeckungsreisende Niccolò di Conti bereits im 15. Jahrhundert von eigenartigen Mordserien verzweifelter Schuldner im fernen Osten. Diese töteten so lange wahllos, bis sie selbst getötet wurden. Es war ihre Art, der drohenden Strafe durch Versklavung zu entgehen und ein letztes Stück Ehre zu retten.

Die zahlungsunfähigen Kaufleute mögen sich nicht in einer einzigen Rage binnen Stunden ergangen haben. Von ihrer mentalen Verfassung her sind sie jedoch ebenso als Amokläufer zu verstehen. Sie hatten mit ihrem eigenen Leben abgeschlossen und handelten überlegt, gewaltbereit und kompromisslos im Geiste des »*Nothing left to lose*«. Und sie betrieben die Mordserien in Form des einkalkulierten erweiterten Suizids, wie es nach verschiedenen Studien bei bis zu fünfzig Prozent aller Amokläufe der Fall ist. In diesem Licht dürfen wir sie als Vorreiter einer besonderen Gruppe von Gewalttaten verstehen, die viel mehr Historie hat als allgemein angenommen.

Der englische Autor John Gimlette erfasste die besondere Dynamik des Amoklaufs jedenfalls schon 1901 als ein Ereignis in vier klar definierten Phasen. Das beginnt mit dem Vorstadium, wo sich grüblerische bis reizbare Stimmungen zusammen mit akuten negativen Erlebnissen von Demütigung und Zurücksetzung hochschaukeln – so lange, bis sich die innere Spannung in der wie in Trance ausgeführten Tat als zweiter Phase entlädt. Daran schließt drittens in vielen Fällen der Selbstmord an – oft genug so spektakulär umgesetzt, dass der Täter damit die vermisste Aufmerksamkeit für seine Person generiert. Andernfalls verfällt er viertens in einen schlafwandlerischen Zustand ohne Erinnerung, in dem er Verhaftung und Bestrafung teilnahmslos über sich ergehen lässt.

Welchen Sinn ergäbe ein so früher Versuch der Psychogenese ohne die entsprechenden Phänomene? In Deutschland etwa wird schon 1871 einer der ersten Fälle eines *School Shootings* bekannt. In seinem Mittelpunkt steht der Unterprimaner Julius Becker, der in der Pause vor dem Lateinunterricht am Saarbrücker Gymnasium mit einem sechsläufigen Revolver zwei Klassenkameraden in den Kopf schießt. Der unglückliche Sohn aus gehobener Beamtenschicht leidet schon länger unter dem

Mobbing seiner Mitschüler, das vor allem auf sein deformiertes Äußeres abzielt – Folge einer hartnäckigen Halsdrüsengeschwulst (Skrofulose). Der Tod eines jüngeren Bruders und die aussichtslose Erkrankung der Mutter an Lungentuberkulose triggern seine latente Gewaltbereitschaft. Also greift er nun an, wie er seinem Hauptpeiniger Gustav Eydisch in einem klassischen Fall von Leaking avisiert.

»Unser Verhältnis wird bald ein Ende haben; ich werde mich rächen«, teilt er in einem Brief an Eydisch mit. Seine beiden Opfer können die Kopfschüsse überleben, weil der Schütze den Revolver unzureichend geladen hat. Die abgefeuerten Projektile bleiben jeweils im Schädelknochen stecken und treten nicht ins Gehirn ein. Am Ende seines Prozesses in Trier wird Becker für »zeitweilig unzurechnungsfähig« und darum für »nicht schuldig« erklärt sowie auf ein Wormser Gymnasium versetzt. Sein alter Direktor echauffiert sich derweil über die seltsame Mode. »Amerikanische Schülerideen gedeihen auch mitunter auf deutschem Boden«, hält er in einem süffisanten Kommentar fest.

Gut vierzig Jahre später berichten selbst die *New York Times* und andere Zeitungen aus Übersee von einem verheerenden Amoklauf an einer Schule im deutschen Kaiserreich – nur dass der Täter diesmal ein ausrangierter Lehrer ist. Hans Jacob Friedrich Ernst Schmidt ist im Juni 1913 mit mehreren Pistolen der

Marke Browning und rund tausend Schuss Munition in die Schule der St.-Marien-Gemeinde in Bremen eingedrungen. Dort schießt er in einem Klassenzimmer, auf den Fluren sowie von einem geöffneten Fenster aus in Richtung Pausenhof wahllos um sich. Als er nach einer knappen Viertelstunde überwältigt wird, sind vier Grundschülerinnen tot; eine fünfte hat sich auf der Flucht über das Treppenhaus das Genick gebrochen. Zwanzig weitere Kinder und fünf Erwachsene wurden zum Teil schwer verletzt.

Schmidt hat es wohl nur den herbeieilenden Polizisten zu verdanken, dass ihn die aufgebrachte Menge nicht gleich an Ort und Stelle lyncht. Als die ihn in Ketten legen, ist er im Gesicht schon übel zugerichtet. Seine Hände zittern unter einem starken Tremor; der gesamte Körper ist von Hyperalgesie, also einer gesteigerten Schmerzempfindlichkeit, gezeichnet. Er scheint sich nicht mal an seinen Namen oder seine Adresse erinnern zu können. Als er nach seinem Beruf gefragt wird, entgegnet er: »Ich bin nichts.« Dafür berichtet Schmidt, dass er verspottet und verfolgt werde, und betont: »Die Gedanken sind Gespenster.« Das alles bringt die Uniformierten dazu, den Täter statt auf der nächsten Wache bei der Bremischen Staatsirrenanstalt St. Jürgen-Asyl abzugeben. Es wird in der Tat die vorläufige Auffangstation eines dreißigjährigen Mannes, der gründlich gescheitert ist.

Unter prekären Verhältnissen in einem vielköpfigen Haus aufgewachsen, kämpft der Sohn eines evangelischen Pastors in Mecklenburg von früh auf gegen Hunger, beengte Verhältnisse und das Gefühl von Minderwertigkeit an. Die Mutter attestiert ihm ein »verschlossenes, fast finsteres Wesen«, die Kumpane in der christlichen Studentenverbindung erleben ihn als »menschenscheu«. Immerhin trotzt der in heftigem Stakkato mehr bellende als sprechende Mann der Welt einen Studienabschluss als Lehrer ab. Als er sich wegen mangelnder Empathie dann aber als wenig tauglich fürs Klassenzimmer erweist, bricht sich das persönliche Verhängnis ganz allmählich Bahn.

Schmidt muss zunächst häufiger die Stelle wechseln, weil er an keiner Schule zurande kommt. Was er selbst einer permanenten Überforderung zuschreibt, führen andere auf sein überstrenges Gebaren und eine auffallende Reizbarkeit zurück. Dieses Symptom steigert sich so weit, dass man ihm bei seiner letzten festen Stelle in Monschau, am Rande der Eifel, eine Kur nahelegt. In dem Sinne werden seine Eltern im Mecklenburgischen bald in aller Kürze von der Schulleitung in Kenntnis gesetzt: »Sohn aufgeregt, muss in Anstalt.« Als er zurückkommt, hat man für ihn dann keine Verwendung mehr.

In Bremen versucht sich der Einzelkämpfer kurzfristig noch mal als Privatlehrer. Aber alles misslingt früher oder später, und bald meint er Stimmen zu hören; sie tuscheln: »Aus dem wird nichts.« Dass da seine eigenen Dämonen am Werk sind, kommt ihm nicht in den Sinn. Dafür steigert er sich in einen regelrechten Hass auf alles Katholische und speziell die Jesuiten hinein. Diese wollten, »dass alle Leute Jesuiten werden«, wie er seine Mutter in einem Brief warnt, »und allen Leuten, die nicht Jesuiten sind, wollen sie ihr Geld u. alles, was sie haben, wegnehmen.« So denken Menschen im Anfangsstadium einer paranoiden Schizophrenie.

Der Kurzschluss erfolgt, als er von zu Hause vom Tod des Vaters erfährt. Wenige Tage später sucht er sich wohl nicht zufällig die Schule im Bremer Stadtteil Walle für seinen Amoklauf aus. Hier hat eine große Jutefabrik Ausländer aus Polen und anderen katholischen Ländern angelockt; das ganze Viertel firmiert im Volksmund unter »katholischer Pudding«. Es ist genau der richtige Ort für den arbeitslosen Pädagogen, seine Wut in maximale Zerstörung zu verwandeln: In seiner Welt sind die Katholiken schließlich an beinahe allem schuld. »Ich hasse Katholiken«, wird er bei den Verhören sagen, »sie haben meinen Vater getötet. Darum mussten die Kinder sterben.«

Bei der Verhaftung findet sich eine vorab gelöste Fahrkarte nach Schwerin in seiner Tasche. Offenbar wollte der Täter zur Beerdigung des Vaters noch nach Hause reisen. Stattdessen wird er nun von einem Arzt untersucht. Der liest ihm einen Zeitungsartikel über die monströse Bluttat vor, in dem er als Verursacher benannt wird. Seine Reaktion darauf spricht für sich. »Ich? … Das kann ich mir gar nicht denken.«

Eine latente, dissoziale Persönlichkeitsstörung und ein stiller Rückzug in sich selbst, eine Verschwörungstheorie und eine schmerzhafte Erfahrung, die schließlich zur fatalen Explosion führen: So gut wie alle Merkmale einer Amoktat kommen in diesem frühen Fall aus der Zeit des Kaiserreichs zusammen. Er zeigt mustergültig, wie einer akuten sichtbaren Katastrophe von horrendem Ausmaß immer eine andere, nahezu unsichtbare vorangeht. Am Ende haben beide, Gesellschaft und Individuum, enorme Verluste zu beklagen.

Es ist dann auch nichts mehr geworden aus Hans Jacob Friedrich Ernst Schmidt – sieht man einmal davon ab, dass der Dauerpatient noch diverse Briefmarken, ein neues phonetisches System und eine völlig neue Orthografie entwirft, in der er schwer verständliche Briefe verfasst. Am Ende stirbt er im März 1932, mit achtundvierzig Jahren, im Verwahrhaus der Bremer Anstalt an den Folgen einer Wirbelsäulentuberkulose. Es ist die eine Krankheit zu viel.

Der arbeitslose Lehrer ohne Perspektive, die Rechtsanwältin, der das geordnete Leben entglitten ist, und die junge, allseits verletzte Frau aus Prag: Jede:r von ihnen agierte aus einem sehr individuellen Dilemma heraus. Der Algorithmus ihrer Verzweiflung hat sie in einen Beeinträchtigungswahn aus Feindbildern und Verfolgungsideen getrieben. Bis sie irgendwann von vermeintlichen Opfern zu realen Täter:innen wurden – und so zurückschlugen, dass maximaler Schaden entstand. Der spektakuläre Abgang, der andere erschreckt, war aus ihrer Perspektive sinnstiftend. Er führte das gesteigerte Gewaltpotenzial ab und sorgte dafür, dass man sie so schnell nicht vergessen wird.

Amok ist in dem Sinne auch die letzte Gelegenheit, noch etwas Bedeutendes zu tun und die gleichgültige Welt dazu zu bringen, einen zu beachten, weit über den eigenen Tod hinaus. Er ist ein Fanal mit einer eindeutigen Botschaft: Ihr werdet noch an mich denken! Und wie man sieht, funktioniert das hervorragend. Wie sonst kämen wir dazu, uns Jahre bis Jahrzehnte nach ihrem Tod noch mit Menschen zu beschäftigen, die außer blankem Horror kaum etwas zustande gebracht haben – während ihre unschuldigen, willkürlich ausgewählten Opfer längst anonym geworden sind?

In Tschechien etwa ist der Fall der Olga Hepnarová bis heute ein Thema, an dem sich Schriftsteller und andere Kulturschaffende abarbeiten. Sogar ein Spielfilm ist entstanden; mit ihm wurde 2016 die Berlinale eröffnet. In Deutschland wurden allein über den Amoklauf von Winnenden und Wendlingen bereits vier Dokumentarfilme produziert. Das kann man angesichts des Schicksals ihrer Opfer ungerecht, vielleicht sogar zynisch finden – oder als Chance verstehen. Je gründlicher solche Gewalttaten aufgearbeitet werden, desto mehr lässt sich schließlich über ihre innere Dynamik in Erfahrung bringen. Erfahrung, die dann in die Prävention einfließen kann.

Aber hat die Aufmerksamkeit, die da gefordert ist, tatsächlich zugenommen? In Winnenden und Wendlingen hat das Konzept offenbar nicht funktioniert, trotz etlicher Auffälligkeiten im Verhalten der Täter. In Berlin wurde es behördlich vernachlässigt, weil man aus der Observierung des zunehmend radikalisierten Tunesiers, der den Breitscheidplatz überrollte, die falschen Schlüsse gezogen hatte. Nicht wirklich aufmerksam waren einige, als im März 2015 ein Co-Pilot einen Flug von Barcelona nach Düsseldorf übernehmen durfte, dem ein Arzt zwei Wochen zuvor die Einweisung in eine psychiatrische Klinik empfohlen hatte. Das Resultat: ein mutwillig eingeleiteter Sinkflug und ein Crash in den französischen Alpen mit hundertfünfzig Toten.

Auch die Spezialisten, an die man Wachsamkeit von Berufs wegen delegiert, sind eben nicht fehlerfrei. Darum hat sich die Idee aber nicht erledigt. Sie ist nur viel allgemeiner zu fassen: Nicht bloß Psychologen, Pädagogen und Polizisten, sondern alle sind gefragt, bestimmte Auffälligkeiten in ihrer sozialen Umgebung nicht einfach zu ignorieren. Sonst könnte es passieren, dass einem der »komische Heilige«, um den man am liebsten einen großen Bogen macht, plötzlich mit viel Furor entgegenkommt. In einem gemieteten Lkw oder mit einer durchgeladenen Schusswaffe in der Hand.

Der Tod kommt im weißen Kittel

Vom seriellen Töten beziehungsweise Ermorden von Patienten habe ich zum ersten Mal als Kind von meinen Eltern und meiner Großmutter gehört. Der Bauernhof, auf dem ich aufgewachsen bin, liegt am Ortsrand von Oberzeuzheim, einem ehemals 800 Seelen zählenden Dorf in Mittelhessen, das seit einer Gemeindereform in den 1970ern zur Stadt Hadamar gehört. Von unserem Bauernhof aus hat man einen wunderbaren Ausblick – auch auf die psychiatrische Klinik und ehemalige Heilanstalt, die sich in etwa vier Kilometer Luftlinie entfernt auf dem Mönchberg befindet. Erst 1991 wurde hier eine internationale Gedenkstätte errichtet, die an eine besondere Gruppe von Opfern des Nationalsozialismus erinnert.

Zwischen Januar 1941 und März 1945 wurden in der NS-Tötungsanstalt Hadamar, die sich auf dem Gelände des heutigen Zentrums für Psychiatrie befand, etwa 14 500 Menschen mit Behinderungen und psychischen

Erkrankungen ermordet – entweder durch Injektionen und Medikamente, durch Verhungernlassen oder durch Kohlenstoffmonoxid in den als Duschen getarnten Gaskammern. Die wenigen männlichen Überlebenden waren meist zwangssterilisiert worden. Die damalige Landesheilanstalt Hadamar war eine von sechs Tötungsanstalten innerhalb des Euthanasieprogramms der Nationalsozialisten.

Meine Mutter erzählte mir, dass sie, als sie einmal mit ihren Freundinnen vor dem Kino in der engen Borngasse stand, mit eigenen Augen gesehen habe, wie mehrere vollbesetzte graue Busse mit zum Teil verhängten Fenstern langsam den Berg zur Anstalt hinauffuhren. Nur wenige Stunden später war ein gelbbrauner Rauch am Himmel zu beobachten. Der stieg aus den Schornsteinen der Heilanstalt auf und kündete so über Stunden, wenn nicht Tage hinweg vom Schicksal der Menschen, die dort hingebracht worden waren. Die Mitarbeiter des Wach- und Pflegepersonals, sagte sie mir, wurden »Brandenburger« genannt, weil sie aus der Nähe von Berlin stammten. Sie waren im Ort wenig gelitten, denn das unheimliche Geschehen war nicht verborgen geblieben.

Von meiner Großmutter erfuhr ich, dass sich die Bauersfrauen und die nicht wehrfähigen alten Männer bei der Feldarbeit kurz in die Augen schauten, wenn wieder einmal dieser spezielle Rauch aus den Schornsteinen stieg. Tante Anna, die bei einem Gemeindeabend der katholischen Frauen zu laut und zu unvorsichtig angesprochen hatte, was jeder mitbekommen konnte, wurde tags darauf von der Gestapo abgeholt und erst zwei Tage später wieder nach Hause entlassen. Anschließend hat sie so gut wie gar nicht mehr geredet – noch weit über das Kriegsende hinaus und schon gar nicht darüber, was ihr passiert war. Auch von einem entfernten Verwandten hat mir meine Großmutter gelegentlich erzählt: Er war während des Krieges in der Todesanstalt als Arzt eingesetzt worden, obwohl er noch keine Approbation besaß. Weil er die Arbeit dort nicht mit seinem Gewissen und dem hippokratischen Eid vereinbaren konnte, sei er postwendend an die Ostfront geschickt worden.

All diese Geschichten beschäftigten mich so sehr, dass ich als Gymnasiast Eltern, Verwandte und Lehrer mit Nachfragen löcherte. Ich wollte wissen, wer aus unserem Dorf oder aus Hadamar dort gearbeitet hatte, was und wie viel man vom Geschehen in der Anstalt mitbekommen hatte und warum darüber meist beharrlich geschwiegen wurde.

Für das Thema Patiententötungen interessierten sich bis Anfang der 1970er-Jahre offenbar nur Historiker und Medizinethiker intensiver. Kaum einer mochte sich vorstellen, dass Patientinnen und Patienten auch im Nachkriegsdeutschland in Kliniken umgebracht wurden – und noch viel weniger dachten, dass trotz auffälliger Ungereimtheiten wieder viele schweigen würden.

Die Vorstellung von Euthanatos als einem guten und schnellen Tod, der jedem leidvollen, menschenunwürdigen Weiterleben vorzuziehen ist, steckt bis heute in vielen Köpfen. Sie taucht in den erbittert geführten Diskussionen um Organspenden, Abtreibung und Sterbehilfe in regelmäßigen Abständen wieder auf. Und triggert das runde Dutzend Serienmörder in Weiß, von dem die Weltgemeinschaft Jahr für Jahr erfährt. Dann sind wir allerdings entsetzt über die selbst ernannten Erlöserinnen und Erlöser im Krankenhaus – wohl wissend, dass jeder von uns mal »am spitzen Ende der Nadel« landen kann, wo er den weißen Kitteln ausgeliefert ist.

Hier ist nicht die Rede von langjährigen Partnern, die nach aufopferungsvoller Pflege das qualvolle Sterben des anderen nicht mehr begleiten wollen und deshalb zur tödlichen Spritze oder zu einem Kissen greifen, bevor sie sich selbst töten – oder die Schuld bereitwillig auf sich nehmen. Es geht vielmehr um selbstermächtigte Erlöser, verkappte Mordpfleger und hilflos überforderte Helferinnen, die ihre berufliche Vertrauensstellung missbrauchen, um ein falsches Mitleid, niedere Instinkte, mangelndes Selbstwertgefühl oder krankhaften Narzissmus zu bedienen – und auf diese Weise andere für ihr persönliches Scheitern bestrafen.

Die meisten dieser Vollstrecker sind als hoch motivierte, wenn nicht altruistische Helfer in ihren Beruf eingestiegen. Auf der wechselhaften Reise durch die ungeschminkte, oftmals erschütternde Welt der Kranken und Sterbenden haben sie an einem brisanten Punkt jedoch ihre besten Vorsätze verloren und sind eine andere Person geworden. Diesen Punkt haben manche erst nach Jahrzehnten erreicht, andere bereits nach kurzer Zeit, wie der Fall Thomas M. *(Name geändert)* beweist.

Thomas M. war es nicht anzumerken, wenn er einen Menschen tötete. Er sah dabei jedes Mal wie ein Helfer aus: frischer weißer Arbeitskittel, leichte helle Turnschuhe und Einweghandschuhe. Außerdem agierte er auch jedes Mal wie ein Helfer. Er verabreichte seinen Patienten hier ein Medikament und ließ dort ein Mittel durch den Venenkatheter laufen. Wenn seine Schicht auf der Station »Innere I« vorüber war, lebten die meisten seiner Schäfchen noch. Ab und zu war auch mal eines gestorben. Ein Drama für die Angehörigen, keine Frage, aber nicht für Pfleger in einer medizinischen Einrichtung. Werden und Vergehen bilden dort einen natürlichen Kreislauf, der sie über die Jahre ziemlich robust macht – und den einen oder anderen auch mal etwas zynisch.

Aber diese Jahre hatte M. erst noch vor sich. Er war vierundzwanzig, als er Anfang 2003 an einer Klinik im Oberallgäu seine zweite Stelle antrat. Ähnlich wie beim ersten Versuch, den er nach zwei Monaten abgebrochen hatte, entwickelten sich die Dinge bald nicht wirklich gut. M. war eifrig und kompetent, doch es gab Patienten auf der gemischten Station, die regelrecht Angst vor ihm hatten. Das lag in erster Linie an der bestimmenden, zuweilen barschen Art des hochgewachsenen, fast drei Zentner schweren Mannes mit den feinnervigen Gesichtszügen. Außerdem stießen sich die Kollegen an seinem fundamentalen Widerstand gegen alle gut gemeinten Ratschläge sowie an dem drastischen Wortschatz, wenn er das Ableben eines Patienten meldete. Für ihn war Herr oder Frau Sowieso dann eben »abgekackt«.

Umgekehrt beschwerte sich M. häufiger, »gemobbt« zu werden, und meldete sich ziemlich oft krank, auch wenn die Station gerade sehr dünn besetzt war. So wuchtig er auszuteilen verstand, so empfindlich reagierte er selbst auf Kritik. Das alles hätte man vielleicht noch unter gewöhnliche Spannungen einordnen können, wie es sie tagtäglich auf Tausenden von Krankenstationen gibt.

Irgendwann aber kamen Beschwerden hinzu, dass der junge Kollege die Anwendung von Medikamenten bei den Patienten äußerst schlampig dokumentiere.

Obendrein fehlten im Arzneimittelschrank wie im Notfallkoffer der Station inzwischen bestimmte Vorräte. Das betraf vor allem Beruhigungsmittel und einschläfernde Substanzen sowie diverse Muskelrelaxanzien, die zur Einleitung und Durchführung einer Narkose verwendet werden und nur in die Hand von Ärzten oder erfahrenen Anästhesiepflegern gehören. Medikamente also, die allein und besonders in der Kombination tödlich wirken können.

Thomas M. stritt zunächst kategorisch ab, damit etwas zu tun zu haben. Gleichwohl erstattete die Klinikleitung im Juli 2004 Strafanzeige gegen unbekannt. Nur Tage später standen plötzlich zwei Polizisten mit einem Durchsuchungsbefehl in der gemeinsamen Wohnung von M. und seiner Verlobten. Sie stellten dort neben einigen technischen Geräten von der Station auch zahlreiche angebrochene Ampullen gestohlener Arzneien sicher. Das reichte aus, um den Widerstand des Verdächtigen in mehreren Schritten aufzuweichen. M. hatte anfangs lediglich eingeräumt, hier und da Beruhigungsmittel aus den Beständen für seine psychisch angeschlagene Freundin abgezweigt zu haben. Bei weiteren polizeilichen Verhören aber legte er schließlich ein erschütterndes Geständnis ab. Demnach hatte er binnen sechzehn Monaten nach eigenen Angaben insgesamt fünfzehn Patienten getötet. Schwerstkranke, teils komatöse Männer und Frauen, die nach seiner persönlichen Einschätzung keinerlei Aussicht mehr auf eine Genesung und ein selbstbestimmtes Leben hatten.

Die narkoseeinleitenden Medikamente, die Herr M. seinen Patienten verabreichte, ließen sie zunächst tief und fest einschlafen. Und die Mittel, die er anschließend durch die bereits gelegten Verweilkatheter in ihre Venen laufen ließ, waren starke Muskelrelaxanzien wie Esmeron oder Lysthenon. Sie führen schnell zur vollständigen Lähmung sämtlicher Muskeln, also auch der Atemmuskulatur, was bei einem nicht intubierten und künstlich beatmeten Patienten zuerst zu einem Atemstillstand führt, dann den Hirntod sowie später den Herzstillstand auslöst. Das ergibt zusammen eine perfekte Rezeptur, um einen Patienten innerhalb von Minuten ohne äußerlich erkennbare Signale einer akuten Lebensgefahr heimlich »um die Ecke zu bringen«. Zumal sich Lysthenon bei keiner Autopsie der Welt mehr im Blut der Verstorbenen nachweisen lässt.

M. führte bei seinem Geständnis alle getöteten Patienten auf, an die er sich erinnern konnte. Ob das die tatsächliche Zahl seiner Opfer war, wussten jedoch weder er noch die Polizei. Deshalb wurden nun die Leichen aller zweiundvierzig Patienten ausgegraben, die während M.s Zeit in der Klinik gestorben und erdbestattet worden waren (die feuerbestatteten Toten waren aus naheliegenden Gründen ausgenommen). Die gerichtsmedizinischen Untersuchungen ergaben, dass der junge Pfleger alles in allem für den Tod von dreißig verstorbenen Patienten verantwortlich sein könnte. In dem Sinne wurde auch die Anklageschrift zum Prozess verfasst, der im Frühjahr 2006 an einem Allgäuer Landgericht begann. Er leuchtete über einundvierzig gut besuchte Verhandlungstage hinweg das Drama eines Krankenpflegers aus, der in Serie zum Erlöser von eigenen Gnaden wurde.

Thomas M. wollte sich an seinem Einsatzort in erster Linie »verantwortlich« gefühlt haben, wie er sich ausdrückte. Seiner Überzeugung nach habe kein einziger Mensch verdient, einen längeren qualvollen Sterbeprozess zu durchlaufen. Aus dem Grund sei er ein erklärter Befürworter der Sterbehilfe. Also habe er in seinem Beruf als Pfleger nur getan, was »notwendig« gewesen sei, um das Martyrium hoffnungslos erkrankter Menschen zu beenden. Diese hätten schließlich ein Recht darauf, zu gegebener Zeit »erlöst« zu werden. Darum verstehe er seine heimlichen Hilfestellungen auch nicht als Töten oder gar Morden – obwohl ihm jederzeit klar gewesen sei, dass er sich damit außerhalb des geltenden Rechts stellte und den ihm anvertrauten Patienten »den Rest ihres Lebens genommen« habe.

»Ich wollte niemals einen Menschen quälen«, beteuerte M. in einer Stellungnahme. »Ich habe unter diesen Zuständen gelitten und hatte Mitleid mit den Patienten und wollte sie eigentlich von den Leiden erlösen.« Einen besonderen Kick oder ein Machtgefühl will er dabei in keinem Fall verspürt haben.

Der forensische Psychiater, der den Angeklagten ausgiebig für sein gerichtliches Gutachten gesprochen hat, konnte die Geschichte des selbstlosen Helfers bis zur letzten Sekunde so allerdings nicht nachvollziehen. Für ihn war M. von einem »negativen Narzissmus« als Folge einiger Defizite in der Persönlichkeitsentwicklung angetrieben worden. Außerdem mangele es dem selbstbezogenen, emotional unterkühlten Charakter an echter Empathie. Vor dem Hintergrund sei das behauptete Mitempfinden mit den Patienten viel eher eine unangemessene Projektion. Schließlich habe M. seine Opfer nicht näher gekannt und kaum mit ihnen gesprochen. Dennoch traf er die Entscheidung zum Töten oft innerhalb von Tagen, wenn nicht Stunden. In mindestens einem Fall leitete er die todbringenden Maßnahmen sogar im Beisein der ahnungslosen Angehörigen ein.

Deshalb war es nach Überzeugung des Gutachters nicht Mitleid, sondern die Unfähigkeit, sich vom Leid anderer Menschen abzugrenzen, die M. angetrieben hat: Er konnte das aus unmittelbarer Nähe nicht ertragen und erlöste sich durch die Tötungen letztlich selbst von den damit verbundenen bedrohlichen Gefühlen. Anders gesagt: Hier wirkte ein unsicherer, von Identitätskrisen, Essstörungen und Ängsten getriebener

Mensch an einem Arbeitsplatz, für den er einfach nicht gemacht war.

Dieser Argumentation folgte das Allgäuer Landgericht weitgehend, als es Thomas M. im November 2006 für uneingeschränkt schuldig befand, in zwölf Fällen gemordet und in fünfzehn Fällen Totschlag begangen zu haben; dazu kamen ein versuchter Totschlag, eine Tötung auf ausdrückliches Verlangen und gefährliche Körperverletzung. Die unterschiedliche Bewertung der einzelnen Taten als Mord oder Totschlag war das Ergebnis einer genauen Überprüfung, ob Mitleid im jeweiligen Fall ein glaubhaftes Motiv gewesen sein könnte; falls dem so war, wurde nicht auf Mord entschieden. In Summe ergab das ohnehin eine lebenslange Haftstrafe. Darüber hinaus verbot das Gericht dem Verurteilten jede weitere Tätigkeit als Krankenpfleger und stellte die besondere Schwere der Schuld fest – was dafür sorgte, dass er nicht vor der Verbüßung von mindestens fünfzehn Jahren der lebenslangen Haftstrafe entlassen werden kann.

Der Vorsitzende Richter betonte in der Begründung noch einmal, dass Thomas M. seine eigenen Vorstellungen von einem würdigen Lebensende zur Grundlage seines Handelns gemacht habe. Für die individuelle Perspektive seiner Patienten habe er sich entgegen seinen Behauptungen »allenfalls oberflächlich« interessiert. Die Botschaft dahinter ist unmissverständlich: M. hatte in erster Linie Mitleid mit sich selbst. Der Antrag auf Revision, den sein Anwalt am nächsten Tag einreichte, wurde neun Monate später verworfen.

In den Medien, die den spektakulären Prozess mit einigem Aufwand begleiteten, firmierte Thomas M. schon lange vor dem Urteil als »Todesengel«. Dieses Sprachbild stellt sich mit großer Zuverlässigkeit wie von selbst ein, sobald ein Angehöriger der medizinisch-pflegerischen Berufe wegen mutmaßlichen Totschlags oder Mord an einem Patienten vor Gericht steht. Die darin eingebaute Kombination gegensätzlicher Vorgänge wie Leben und Sterben, Heilen und Töten ist offenbar zu unwiderstehlich, um das Etikett nicht immer wieder aufzugreifen. Das hat mit dem Schock zu tun, der die Gesellschaft bei jedem dieser Fälle reflexartig befällt: Sie will nicht wahrhaben, dass so etwas in ihrer Mitte geschieht.

Wer das Wort »Todesengel« in die Suchmaschine eingibt, stößt sehr schnell auf die Geschichten von Schwestern oder Pflegern, die in der Haft landeten. Jede hat ihre unverwechselbaren Besonderheiten, die in der Biografie der Delinquenten begründet sind, aber auch auffällige Gemeinsamkeiten hinsichtlich der Motivlage. Und jede hat auf ihre Art für Aufsehen gesorgt. So wie die der damals dreißigjährigen Stationsschwester und stellvertretenden Pflegedienstleiterin, die sich Ende der

1980er-Jahre wegen der Tötung von siebzehn Patienten in einer Wuppertaler Klinik verantworten musste. Sie hatte ihren Opfern wahlweise Kaliumchlorid gespritzt oder hohe Dosen blutdrucksenkender Mittel verabreicht, was bei ihren Opfern zu einem tödlichen Herzstillstand oder Kammerflimmern führte. Die zuständige Staatsanwaltschaft ließ im Vorlauf zum Prozess insgesamt achtundzwanzig verstorbene Patienten exhumieren und gerichtsmedizinisch untersuchen. Schließlich verurteilte ein Landgericht die bisher so überaus engagierte und akribische Schwester wegen Totschlags in fünf Fällen, Tötung auf Verlangen, fahrlässiger Tötung und versuchten Totschlags zu elf Jahren Freiheitsentzug.

Das Gericht sprach von einer »identifikatorischen Teilhabe« der Angeklagten am Leidensprozess ihrer Patienten. Sie habe sich im Zuge einer »Grenzverwischung« mit den Schwerstkranken identifiziert und ihre eigenen Vorstellungen von einem unwürdigen Leben auf diese projiziert. Gleichzeitig seien Selbstzweifel und depressive Stimmungen in einem Arbeitsklima mit »hohem Konfliktpotenzial« durch »Größenideen, Gefühle von Einzigartigkeit, Unersetzlichkeit und Grandiosität« kompensiert worden.

Ein Jahr darauf wurde in Wien Anklage gegen vier Stationsgehilfinnen des Lainzer Krankenhauses erhoben, die sich für zahlreiche Todesfälle auf der ersten medizinischen Abteilung verantworten sollten. Das unheilige Quartett hatte ab 1983 selbstermächtigt oder auch mit gegenseitiger Unterstützung nachweislich insgesamt zwanzig Morde und fünfundzwanzig Mordversuche begangen; dazu kamen etliche Fälle von Beihilfe zum Mord und fahrlässiger Tötung. Die Hilfskräfte waren in einer Atmosphäre der Vernachlässigung medizinischer und pflegerischer Standards sowie chronischer Unterbesetzung zu einer losen Clique mutiert, die sich »schlechter Patienten« mit geringer Überlebenschance durch Injektionen von Insulin, Rohypnol oder Valium in letaler Dosierung entledigte. Bei anderen Gelegenheiten wandten sie ein Verfahren an, das sie »Munddusche« nannten. Dabei wird Schwerkranken mit einem Lungenödem über Stunden hinweg Wasser eingeflößt, während man gleichzeitig ihre Schluckbewegungen unterdrückt, bis diese ersticken.

Das Entsetzen über die skrupellosen Hinrichtungen war bis nach Deutschland spürbar, als die »Lainzer Todesengel« Anfang 1991 vor den Schranken des Wiener Landesgerichts für Strafsachen standen. Ebenso wie die Zustimmung für das Urteil nach neunzehn Verhandlungstagen: Zwei der Angeklagten erhielten lebenslang und zwei Haftstrafen von zwanzig beziehungsweise fünfzehn Jahren – wobei das letztere Strafmaß in der Revision auf zwölf abgemildert wurde. Bevor es dazu kam, sprach die dienstälteste Rädelsführerin aber in nicht zu steigernder Deutlichkeit die Missstände an, unter denen sie und ihre Kolleginnen verroht seien. »Die haben uns im Regen stehen lassen«, sagte sie. Und: »Die Ärzte sind stundenlang nicht gekommen, und wir hatten die schreienden, verwirrten und sich vor Schmerzen krümmenden Menschen vor uns und konnten nichts dagegen tun ...«

Viele Jahre später machte eine dreiundfünfzigjährige Krankenschwester der Berliner Charité von sich reden, die ab 2005, nach mehr als dreißig Berufsjahren, mit dem vorsätzlichen Töten begann. Sie spritzte mindestens fünf Patienten ihrer kardiologischen Abteilung extrem hohe Dosen blutdrucksenkender Mittel, an denen sie augenblicklich verstarben. Als Motiv machte auch sie Mitgefühl mit der aussichtslosen Situation ihrer Opfer geltend: Sie habe dafür gesorgt, dass diese ohne längere Qual »in den Himmel kommen« könnten. Das Berliner Landgericht wollte in ihrer Tatserie dagegen vor allem den Wunsch erkennen, Kontrolle und Entscheidungsgewalt über andere Menschen auszuleben. Wegen Mord aus niederen Beweggründen in fünf nachgewiesenen Fällen verhängte es eine lebenslange Freiheitsstrafe. Dieses Urteil wurde später revidiert, man ordnete zwei Todesfälle nun als Totschlag ein. Am Strafmaß änderte sich dadurch jedoch nichts.

Nach allem, was man weiß, legte die sonst so eloquente Pflegerin kurz nach dem Scheitern ihrer Ehe ein verändertes Verhalten an den Tag. Sie war bei ihrer Arbeit kaum noch ansprechbar, reagierte oft gereizt und machte einen depressiven Eindruck. Alle Angebote von Vorgesetzten, ihre Arbeitszeit fürs Erste zurückzufahren oder die Station zu wechseln, lehnte sie kategorisch ab. Das Bild der starken, allzeit belastbaren Frau sollte um jeden Preis bewahrt bleiben. So war sie nicht viel mehr als ein Nervenbündel, als sie in immer kürzerer Taktung ihre heimlichen Todesurteile vollstreckte. Bis sie von einem Kollegen dabei beobachtet wurde, wie sie ohne Anweisung oder Absprache mit einem Arzt eine ihrer tödlichen Spritzen aufzog. Das leitete die polizeilichen Untersuchungen und schließlich den Prozess gegen sie ein.

»Sie hat in diesen Jahren Sachen gesehen und erlebt, die verkraften manche Menschen nicht nach einmaligem Anblick«, resümierte ihr Verteidiger einmal gegenüber dem *Spiegel*. Ganz ähnlich hatte der Frankfurter Rechtsanwalt des »Todesengels« Thomas M. vor Gericht geltend gemacht, dass sein junger Mandant mit seinen Pflegeaufgaben in der Allgäuer Klinik überfordert gewesen sei. Dieser habe vom Arbeitgeber keinerlei Hilfsangebote erhalten und seine Probleme bei der Arbeit lieber kaschiert, als seine Stelle zu verlieren – ein bewusstes Verdrängen mit furchtbaren Folgen.

Die Frage danach, inwieweit die tödlichen Serien der hilfsbedürftigen Helfer unter anderen Umständen zu verhindern oder wenigstens zu verkürzen gewesen wären, ist in solchen Fällen wohl jedes Mal zu stellen. Genauso wichtig erscheint aus kriminologischer Sicht zu eruieren, warum die Verdachtsmomente im Kollegenkreis nicht früher beziehungsweise klarer kommuniziert wurden – und warum dann nichts geschah. Manche Verurteilte konnten tatsächlich über Jahre hinweg ungehindert töten, obwohl im Umfeld ihres Tatorts längst Gerüchte und Andeutungen kursierten. Diese Hinweise gelangten jedoch selten bis nie an höhere Stellen oder gar nach außen.

Auch in dieser Hinsicht stellt der Fall Jens K. *(Name geändert)* den Gipfel des Unsäglichen dar. Der gelernte Krankenpfleger von der Nordwestküste, Jahrgang 1976, leitete an zwei Kliniken in Oldenburg und Delmenhorst vorsätzlich den Herzstillstand oder das Kreislaufversagen von Patienten ein, um sich bei der anschließend notfälligen Reanimation als ihr bewunderungswürdiger Retter und Held zu inszenieren. Das ging zwar immer wieder mal schief, sodass die Zahl der Toten auf seiner Station alarmierend anstieg. So ereigneten sich in der Klinik in Oldenburg bald mehr als die Hälfte aller Todesfälle während seiner Dienstzeiten. Trotzdem konnte K. von den ersten Auffälligkeiten bis zu seiner Überführung im Sommer 2005 noch vier Jahre lang die größte jemals in Deutschland registrierte Serie von Gewalttaten komplettieren. In mehreren Prozessen bis

2019 wurden ihm bisher siebenundachtzig Tötungen nachgewiesen. Die endgültige Zahl dürfte nach einhelliger Einschätzung der Strafverfolger deutlich höher liegen – nur ist sie voraussichtlich nicht mehr genau zu ermitteln.

Der massige, voll zurechnungsfähige Mann konnte diesen horrenden Rekord aufstellen, weil Kolleg:innen sich viel zu lange bloß hinter seinem Rücken mokierten. Sie machten sich einen derben Spaß daraus, seinen Dienstantritt mit spitzen Bemerkungen zu kommentieren. Ihr Motto: Mal sehen, wer nach der Schicht noch am Leben ist. Die verantwortlichen leitenden Ärzte erfuhren erst spät und nur in Bruchstücken davon. Wenn sie K. dann mal zur Rede stellten, stritt er alles ab. Statt ihn genauer unter die Lupe zu nehmen, wurde K. von der herzchirurgischen Intensivstation in die Anästhesie versetzt. Wohl auch, weil man ihn da unter einer größeren und engeren Kontrolle sah. Und als er auch dort bald »ungute Gefühle« provozierte, legte man ihm den Wechsel in den Hol- und Bringdienst nahe. Eine Beschäftigung, die man in der Regel nur jemandem anbietet, den man auf keiner Station mehr einsetzen und keinem Kollegen mehr zumuten kann. Einem, den man gerne loswerden möchte. Das Angebot wurde ihm dann auch mit einem prächtigen Zeugnis versüßt. Aus ihm ging hervor, dass Jens K. stets »umsichtig, gewissenhaft und selbstständig« gearbeitet sowie »in kritischen Situationen überlegt und sachlich richtig« gehandelt habe. Dazu wurden seine »Einsatzbereitschaft« und das »kooperative Verhalten« hervorgehoben.

Mit diesem Zertifikat war es für den Pfleger ein Leichtes, die angebotene Stelle auszuschlagen und sich um einen neuen Wirkungskreis zu bemühen. Den fand er im Delmenhorster Klinikum, wo seine Rettungs-, Wiederbelebungs- und Mordserie die Zahl der Todesfälle bald auf das Doppelte anwachsen ließ. Im Kollegenkreis wurde er hinter vorgehaltener Hand längst »Reanimationsrambo« oder auch »Großer Pechvogel« genannt. Dennoch konnte K. mehr als zwei Jahre lang weitermachen, bis man endlich die Polizei einschaltete. Nicht von ungefähr stehen seit Februar 2022 inzwischen acht Mitglieder der Führungsebenen beider Kliniken vor dem Oldenburger Landgericht. Sie müssen sich dort des schwerwiegenden Vorwurfs der Beihilfe zur Tötung durch Unterlassen in acht Fällen erwehren. Das bedeutet: erklären, warum sie sich als gut dotierte verantwortliche Vorgesetzte und Entscheider nicht rechtzeitig zum Eingreifen entschieden haben.

Krankenhäuser und Altenheime, Kitas und sogar Säuglingsstationen können eben auch Tatorte werden, wenn Schutzbefohlene – Kinder, hilfs- und pflegebedürftige Hochbetagte und schwerkranke Patienten – vorsätzlich vernachlässigt, grob behandelt, gequält oder gar getötet werden. Je größer die Wahrscheinlichkeit ist, dass solche Taten nicht angezeigt werden und unentdeckt bleiben, desto leichter fällt es den Täter:innen. Für sie sind vor allem die Kranken- und Palliativstation das denkbar sicherste Terrain. Da, wo das Sterben zum Alltag gehört, fallen Mord und Totschlag kaum auf. Solange keine außergewöhnlichen Spuren hinterlassen werden, gibt es keinen Anfangsverdacht, der eine gründlichere Leichenschau rechtfertigte.

Anders als etwa in den USA wird diese Untersuchung hierzulande auch meist vom behandelnden, darin wenig erfahrenen Assistenzarzt durchgeführt. Der ist häufig nicht frei von Selbstzweifeln, was die Richtigkeit seiner Diagnosen anbelangt, und kann noch viel weniger Stress mit alterfahrenen Krankenschwestern und beherzten Pflegern gebrauchen. Sie könnten ihm das Leben auf der Station zur Hölle machen, wenn er ihnen ganz offen Misstrauen entgegenbringt. Vor diesem Hintergrund erscheint es verwegen, ausgerechnet von der Stelle besonders kritische Qualitäts- und Verlaufskontrollen zu erwarten. Sie sind angesichts der geringen sowie weiter sinkenden Zahl von Obduktionen offenbar auch nicht gewollt.

Fehlermanagement auf allen Ebenen wäre ein wirksames Gegenmittel. Aber wer das Risiko in Kauf nimmt, sich selbst, seine Abteilung oder seine Klinik dadurch freiwillig in öffentlichen Misskredit zu bringen, wird in unserem zunehmend auf Umsatz und Gewinnmaximierung ausgerichteten Gesundheitssystem nicht alt. Jeder, der Verantwortung trägt, weiß längst, dass Krankenpfleger:innen und Ärzte sowie Ärztinnen dauernd überlastet sind, weil es vorn und hinten an Personal fehlt. Viele kündigen oder planen, es so schnell wie möglich zu tun. Diejenigen, die weiter am Anschlag arbeiten, haben kaum Ressourcen, nebenher noch auf gefährdete oder gefährliche Kolleg:innen zu achten. Bedenkt man dann noch, dass immer mehr verstorbene Patienten in Krematorien verbrannt und eingeäschert werden, was eine spätere Exhumierung für die gerichtsmedizinische Nachuntersuchung unmöglich macht, kann einem um die Aufklärungsquote solcher Verbrechen angst und bange werden.

Die große Anzahl von Frauen unter den Delinquenten ist indes nur auf den ersten Blick frappierend. Sie korreliert mit ihrer statistischen Dominanz in diesen Berufen. Dort können die psychopathischen Eigenschaften, die manche von ihnen mitbringen, durchaus von Vorteil sein. Wer seltener Angst empfindet, gern ins Risiko geht und dabei einen kühlen Kopf bewahrt, kann sich der Anerkennung von Kollegen und Vorgesetzten nahezu sicher sein. Der Mangel an Empathie, der sich im Zweifel dahinter verbirgt, wird in dieser Eigenwelt großzügig übersehen. Das weiß ich selbst aus langjähriger ärztlicher Erfahrung in verschiedenen Kliniken. Da zeigte so manche Pflegekraft Anzeichen für eine gefährliche Entwicklung. Das reichte von Abgeschlagenheit und Reizbarkeit über Zweifel am Sinn der Arbeit, Abstumpfung und innere Verrohung bis zu verdrängten Depressionen. Alles Symptome, die schnell in aggressives Verhalten gegenüber den Patienten umschlagen können. Vor allem, wenn diese irgendwann als ursächlich für das eigene Leid empfunden und dafür stellvertretend bekämpft werden.

Allein sind diese Täter:innen schon gefährlich genug, wie die genannten Fälle belegen. Noch heikler wird es, wenn sie sich in der Gruppe organisieren. So nahmen die »Lainzer Todesengel« bekanntlich Einfluss auf die Gestaltung der Dienstpläne, um möglichst oft zur gleichen Schicht eingeteilt zu werden. Das galt vor allem für die Nacht, wenn das diensthabende Personal auf ein Minimum heruntergefahren wird. Dann war die deviante Seilschaft mehr oder weniger unter sich – und den schläfrigen Patienten haushoch überlegen. Unter diesen Umständen konnten sich die Frauen wechselseitig zu immer neuen Grausamkeiten anstacheln und sich in einen regelrechten Rausch hineinsteigern. In dessen Sog wurden auch die letzten Hemmungen schnell abgelegt.

Die forensische Psychiaterin Sigrun Roßmanith hat in diesem Zusammenhang von einer »typisch weiblich sadistischen Trias« aus »Nähren, Quälen, Töten« gesprochen. Die kollektive Selbstermächtigung gegenüber den Schutzbefohlenen führe zu einem Erlebnis von Allmacht, das einen »narzisstischen Höhenflug« auslöse – gefolgt vom Wunsch, wenn nicht der Sucht nach Wiederholung. Auf diese Weise werde eine fatale Dynamik in Gang gesetzt: »Grausamkeiten werden Gewohnheitssache.«

Allgemein aber werden weibliche wie männliche Delinquenten von den gleichen Fehlern im System geschützt. Kaum jemand bringt die Courage auf, einen Kollegen, mit dem er morgen wieder zusammenarbeiten soll, auf sein auffälliges Verhalten anzusprechen. Oft findet er auf seiner Station auch keinen geeigneten unabhängigen Ansprechpartner, und die Beobachtung nach oben durchzustechen hat den zweifelhaften Geruch der Denunziation. So wird der Weg zur Auslöseschwelle im Wortsinn furchtbar lang, wie man an den erwähnten Fällen leicht ablesen kann. Furchtbar vor allem deshalb, weil Zögern und Zaudern Menschenleben gekostet haben.

Spätestens durch den monströsen Fall Jens K. sollte hierzulande allerdings dann doch deutlich geworden sein, dass sich in den Einrichtungen des Pflege- und Gesundheitswesens dringend etwas bewegen muss. Das beginnt für den Psychiater Karl H. Beine damit, dass ihre Führungsebenen die Gefahr solcher Gewalttaten grundsätzlich zur Kenntnis nehmen, wie er in seinem

Buch *Krankentötungen in Kliniken und Heimen* resümiert. »Nur wenn man solche Tötungsserien für das eigene Tätigkeitsfeld nicht gänzlich ausschließt«, heißt es da, »kann an die Stelle gefährlicher Arglosigkeit eine menschenfreundliche Achtsamkeit treten. Diese Achtsamkeit ist die Grundvoraussetzung dafür, dass Frühwarnzeichen erkannt werden und vorbeugend gehandelt werden kann.«

Der Professor für Psychiatrie und Psychotherapie hatte während seiner Arbeit an einer psychiatrischen Klinik in Gütersloh aus unmittelbarer Nähe erlebt, wie so eine schaurige Serie aufgedeckt wurde. Ihr Urheber war Volkmar M. *(Name geändert)*, ein ihm vertrauter Pfleger, der dort 1990 insgesamt zehn schwerstkranke Patienten vorsätzlich getötet hatte.

Der stille, nicht gerade beliebte Mitdreißiger hatte seinen Opfern jeweils tödliche Luftinjektionen verabreicht. Er konnte dies auch deshalb unbemerkt tun, weil er bei seinen Schichten auf der Station »Innere I« meist der einzige Pfleger im Einsatz war. Die Abteilung mit dem Schwerpunkt »Psychosomatik« hatte sich längst zu einer Art Endstation Sehnsucht entwickelt. Hier landeten Patienten, die kaum noch bei Bewusstsein sowie als austherapiert bzw. als Todeskandidaten eingestuft waren – und Pflegekräfte, die schon an anderer Stelle überfordert waren.

Für Karl H. Beine war es zunächst »unfassbar, wie

ein Mensch, der eigentlich Leid lindern sollte, diese Aufgabe ins Gegenteil verkehren konnte«. Mit dieser Bestürzung, die er rückblickend dem Magazin *Stern* schilderte, mag er in Gütersloh nicht allein gewesen sein. Während seine Kolleginnen und Kollegen jedoch bald zur Tagesordnung übergehen mussten, kniete er sich immer tiefer in die Materie hinein. So konnte er zum Ende seines Buchs eine umfangreiche Liste von »täterspezifischen« sowie »umgebungsspezifischen Frühwarnzeichen« zusammenstellen. Das sind insgesamt über zwanzig Anhaltspunkte, die in verschiedenen »Risikokonstellationen« bei allen, die etwas genauer hinsehen, erhöhte Aufmerksamkeit auslösen sollen. »Es darf kein übertriebenes Misstrauen geben«, deutet Beine so etwas wie eine Ideallinie an, »aber auch kein blindes Vertrauen.«

Der Ball ist also bei den Entscheidern in den Kliniken und Heimen, die wie jedes andere Unternehmen einen gewissen Ruf zu verteidigen haben – oder ihn neu aufbauen wollen. An der Klinik in Delmenhorst etwa, wo Jens K. gewütet hat, wurde inzwischen eine neue Fehlerkultur implementiert. Regelmäßig finden nun »M+M-Sitzungen« statt, bei denen die Morbiditäts- und Mortalitätsstatistiken genauer in Augenschein genommen werden. Dazu werden viel mehr »qualifizierte Leichenschauen« mit toxikologischer Methodik durchgeführt, um etwaigen Fällen von vorsätzlicher Vergiftung auf die Spur zu kommen. Das ist vielleicht noch nicht der Generalschlüssel für sämtliche Probleme in diesem Zusammenhang, aber zumindest ein Schritt in die richtige Richtung.

Es geht nicht aus dem Kopf

An einem Vormittag Ende März 2017 ist ein Konvoi auf der Autobahn in Richtung Cottbus unterwegs: vorne und hinten mehrere Einsatzfahrzeuge der Polizei, die von SEK-Beamten in voller Montur verstärkt wird, und in der Mitte ein größerer Wagen mit gepanzerten Scheiben. So ein Aufriss lässt wohl jeden unwillkürlich an einen Staatsgast oder an sonst eine herausgehobene Persönlichkeit denken. Tatsächlich wird hier ein aktenkundiger Serientäter eskortiert. Er soll von einer forensisch-psychiatrischen Anstalt in Brandenburg/Havel in eine moderne, nach der Wiedervereinigung errichtete Justizvollzugsanstalt am Rande des Spreewalds wechseln, also vom Maßregel- in den Strafvollzug. Und die erhöhte Sicherheitsstufe, unter der das geschieht, macht in dem Fall durchaus Sinn.

Der einzige Fahrgast in Handschellen hat vor längerer Zeit von Mecklenburg bis Brandenburg eine Schneise der ungebremsten Gewalt hinterlassen. Er vergewaltigte drei Mädchen zwischen acht und dreizehn Jahren, verletzte seine Mutter und einen Begleiter bei einem Ausgang lebensgefährlich und tötete einen sechzigjährigen Rentner, um sich mit dessen Auto abzusetzen. Dazu ist er siebenmal aus verschiedenen Einrichtungen entwichen. Vor einem solchen Hintergrund erscheint es nicht unseriös, dass die *Märkische Allgemeine* ihn als »gefährlichsten Verbrecher Brandenburgs« bezeichnet hat. Das war wenige Tage zuvor, als die Zeitung die Verlegung des mittlerweile vierundfünfzigjährigen Mannes ankündigte. Woraus man mit Fug und Recht auf einen gewissen Bekanntheitsgrad in diesem Teil der Republik schließen darf.

Für Manfred Heckel *(Name geändert)* ist dieser Umzug nicht unbedingt eine Verbesserung. Er hat die letzten sechzehneinhalb Jahre in einem nur für ihn errichteten, großzügigen sowie hochgesicherten Komplex innerhalb einer forensisch-psychiatrischen Klinik der Stadt Brandenburg verbracht. Dort logierte er nicht als gewöhnlicher Häftling, sondern als zu behandelnder Patient. Als solcher war er zwar weitgehend isoliert, aber auch von jeder räumlichen Enge und der Verpflichtung zur Arbeit befreit. Die Beamten, Sozialarbeiter und Psychologen um ihn herum sollten ihn weniger bestrafen als vielmehr zu einem besseren Menschen machen. Im Knast dagegen erwartet ihn eine einfache, sieben bis zehn Quadratmeter große Einzelzelle in einem abgesonderten Bereich, in dem er vor anderen Insassen zunächst geschützt ist. So mancher von denen arbeitet seinen Frust bekanntlich gern an einem sogenannten Kinderficker ab.

Für das System des Maßregelvollzugs ist dieser Wechsel aber auch kein Gewinn. Er ist sogar ein komplettes Scheitern, wenn nicht eine Bankrotterklärung. Seit seiner ersten Einlieferung in den 1990ern hat dieser Patient dreiundzwanzig Jahre hindurch sämtliche Angebote der Therapie durchlaufen, die es dort gibt, und dabei grob geschätzt mit zwei Dutzend Psychiatern, Psychologen und einer Vielzahl von Gutachtern gesprochen. Ein verlässlicher Therapieerfolg konnte trotzdem nie festgestellt werden.

Im Gegenteil: Erst kürzlich hat ein psychiatrischer Gutachter bei Heckel dieselbe »narzisstische und dissoziale Psychose« diagnostiziert, mit der er einst kriminell in Erscheinung getreten ist. Zudem hieß es, dass eine Veränderung dieses Zustands mit Sicherheit auch in Zukunft nicht zu erwarten sei. Diese Expertise hat den Ausschlag gegeben, ihn nach längerem Hickhack innerhalb der Justizbehörden endlich an den Strafvollzug zurückgegeben.

Die Staatsanwaltschaft in Neubrandenburg hat schon Jahre zuvor auf die Causa Heckel hingewiesen und die entscheidende Frage gestellt: Was macht ein Mensch, der offenbar nicht therapiefähig ist, in einer therapeutischen Einrichtung? Der paradoxe Zustand kam nach ihrer Ansicht einer unvertretbaren Sonderbehandlung und Besserstellung gleich. Dass es dann noch mal Jahre dauerte, hat zum Teil mit dem üblichen Gerangel um Zuständigkeiten und der Erstellung immer neuer Gutachten zu tun. Im Zweifel aber zögerten die Gerichte auch aus Verlegenheit. Wer räumt schon gern öffentlich ein, in sinn- und aussichtslose Maßnahmen investiert zu haben? Und wer übernimmt die Verantwortung dafür, wenn bereits früher hohe Politiker wegen besonderer Vorkommnisse um diesen Insassen ihre Posten verloren haben? Es heißt nicht ohne Grund: Mit einem guten Strafvollzug gewinnt man keine Wahlen, aber ein einziger Skandal reicht, um sein Amt zu verlieren.

Im Dezember 2016 aber hat das Oberlandesgericht in Brandenburg/Havel in letzter Instanz entschieden, dem Antrag der Staatsanwaltschaft auf Verlegung in den Strafvollzug stattzugeben. Es räumte der Justizverwaltung eine Frist von vier Monaten ein, um die erforderlichen Sicherheitsmaßnahmen für den Transport und die zukünftige Unterbringung des Delinquenten einzuleiten. So sind die Dinge nun doch noch ins Rollen gekommen, auch wenn der Konvoi auf der A10 nichts weniger darstellt als eine späte Kapitulation. Hier und heute endet ein beharrlicher Versuch, einen notorischen Gewalttäter und Sadisten mit den Instrumenten der Psychotherapie in die Zivilgesellschaft zurückzuholen.

Dafür gibt es nur zwei Erklärungen. Entweder ist dieser so tumb, dass man ihn auf keiner denkbaren therapeutischen Ebene erreichen kann – oder so abgefeimt, dass er alle gut gemeinten Angebote letztlich an sich abtropfen lässt. Aber tumb ist Manfred Heckel auf keinen Fall, so viel steht fest.

»Die Behandlung des Untergebrachten in einem psychiatrischen Krankenhaus richtet sich nach ärztlichen Gesichtspunkten. Soweit möglich, soll er geheilt oder sein Zustand so weit gebessert werden, dass er nicht mehr gefährlich ist. Ihm wird die nötige Aufsicht, Betreuung und Pflege zuteil.« Der Paragraf 136 im Strafvollzugsgesetz (»Unterbringung in einem psychiatrischen Krankenhaus«) formuliert ein klares Ziel für die Einweisung eines Straftäters in den Maßregelvollzug. Man kann darin sogar eine humanistische Idealvorstellung erkennen: Er soll dort so weit kuriert werden, dass er sich eines wunderbaren Tages wieder ohne Bedenken in die Gesellschaft der Gewaltlosen und Gerechten integrieren lässt. In diesem hehren Sinne wird auch Manfred Heckel kurz nach dem Mauerfall in eine Einrichtung der forensischen Psychiatrie eingewiesen. Nach seinen ersten sexuell motivierten Gewalttaten haben psychiatrische Gutachter konstatiert, dass bei ihm eine schwere krankhafte Störung vorliegt. Die müsse weit intensiver behandelt werden, als es im Strafvollzug möglich sei.

Heckel hat davor schon mal in gewöhnlicher Strafhaft gesessen. Nachdem er 1988 in seinem Heimatort in Märkisch-Oderland ein dreizehnjähriges Mädchen brutal zu vergewaltigen versucht hatte, landete er mit sechsundzwanzig Jahren allein deshalb im Knast, weil es im Strafvollzugssystem der DDR keine Sicherungsverwahrung gab. Das war wegen der Einführung unter nationalsozialistischen Prämissen im November 1933 im Arbeiter- und Bauernstaat schlicht tabu. Während dieser Haftstrafe gelang Heckel erstmals auch die Flucht, zumindest für einen Tag, was sein ursprüngliches Strafmaß von anderthalb Jahren um zehn Monate erhöhte.

Nach einer Teilamnestie wieder auf freiem Fuß, beging er im wiedervereinten Deutschland bald vier weitere Fälle von sexuellem Missbrauch; das jüngste seiner Opfer war gerade acht. Sie zeigen das Grundproblem auf: Da Heckel seelisch verkümmert und dissozial ist, ist er außerstande, die Rechte anderer Menschen zu respektieren, und schreckt in seinem extrem triebhaften Verhalten auch vor Gewalt nicht zurück. Er ist ein Psychopath par excellence, der weder Mitgefühl noch Reue empfindet. Darum soll er die erneute, fünfeinhalbjährige Freiheitsstrafe in der Brandenburger Landesklinik zubringen, in der seine Defizite gründlich aufgearbeitet und behandelt werden können. Nicht nur wegsperren, sondern betreuen und behandeln. Mehr Therapie statt Strafe. Nicht schweigen, sondern reden, reden, reden.

Viele Delinquenten gehen solchen Gesprächen lieber aus dem Weg. Vor allem zu Anfang einer solchen Maßnahme fällt ihnen die Auseinandersetzung mit den eigenen Taten schwer. Aber Heckel spielt bald mit. Seine ersten Zuhörer erfahren dadurch Bruchstücke einer tristen Biografie. Der Sohn eines Volkspolizisten und dessen Frau wird früh zum Scheidungskind. Er bekommt wenig Beachtung, viel Prügel und muss noch mit vierzehn häufig im Bett seiner Mutter schlafen, wie er sagt. Die habe ihn oft so an sich gedrückt, dass er Ekel empfand. In der Pubertät entwickelt er dann erste pervertierte Fantasien. Als er nach mehreren Diebstählen auf einem Jugendwerkhof für schwer Erziehbare landet, wird er dort bei sexuellen Handlungen mit Kühen erwischt. Mit einundzwanzig unternimmt er einen Suizidversuch, eine anschließende Therapie bricht er jedoch schnell ab.

Seine Beweggründe sind nicht so leicht zu eruieren. Er ist ein vielschichtiger Erzähler, der Erinnertes und Erfundenes in atemberaubendem Tempo zu einer Pseudologia phantastica, einer Lügensucht, verquickt. Auf diese Weise bekämpft er nicht zuletzt auch Gefühle von Leere und mangelndem Selbstwert durch fortwährende

Manipulation in Wort und Tat. Gelegentlich kommt es den Therapeuten auch so vor, als spiegele er nur ihre Erwartungen an ihn oder füttere sie aus unerfindlichen Gründen mit bestimmten Details an. Dann spüren sie eine Schläue, die seinen Schulabgang nach der achten Klasse Lügen straft. In diesem Stil hält Heckel die halbe Belegschaft der Klinik auf Trab – und nutzt 1994 den entstandenen Vertrauensvorschuss, um erneut zu türmen.

Diesmal vergeht er sich auf der Flucht an einer Elfjährigen, die er anschließend zu erdrosseln versucht. Als er von ihr ablässt, ist er sich sicher, sie getötet zu haben. Tage später lässt er sich ohne größeren Widerstand festnehmen. Damit ist eine letzte rote Linie überschritten. Heckel hat den Tod des Mädchens zumindest in Kauf genommen, um seine Bedürfnisse zu befriedigen. Obendrein spürt er erstmals, dass ihm die Qualen seines Opfers Lust bereiten. Das liefert ihn den dunkelsten, devianten Seiten seiner schwer gestörten Persönlichkeit aus. Er hat eine Tür geöffnet, die er aus eigener Kraft kaum schließen kann.

Am Ende des fälligen Prozesses kommen für ihn noch mal vierzehn Jahre Haft obendrauf – nur fühlt sich das für Heckel nicht unbedingt erschwerend an. Er sitzt noch immer in derselben Klinik und führt weiter Gespräche darüber, warum sich bei ihm so viel Hass aufgestaut hat. Kommt er mit einem seiner Therapeuten nicht zurecht, erscheint bald ein anderer, der es mit ihm versucht. Stagniert die Entwicklung in der Verhaltenstherapie, kann er selbstverständlich in die tiefenpsychologische, analytische Behandlung wechseln, wo sich ein junger Psychologe sehr um ihn bemüht. Der ist fest davon überzeugt, dass bis dato nur keiner den richtigen Schlüssel gefunden hat, um den Patienten »aufzumachen«.

Schließlich tobt in der Brandenburger Klinik wie überall auch ein Methodenstreit. Psychologen und Psychiater probieren – jeder auf seine Art –, an den auffälligen Delinquenten heranzukommen, um dessen Taten mit ihm »aufzuarbeiten«. Und keiner will sich oder anderen eingestehen, dass jedweder Aufwand völlig vergeblich ist. Die eigene Arbeit soll sich lohnen, sinnstiftend sein, und hier ist mal ein Patient, der sich den Gesprächen zumindest nicht entzieht. Im Gegenteil.

Patient Heckel redet mit Hingabe und gibt phasenweise auch immer wieder Anlass zu etwas Hoffnung. Er meldet sich etwa häufiger beim jungen Psychologen und schreibt ihm überdies nicht weniger als siebzig Briefe. Das interpretiert dieser ebenso wie die Klinikleitung als Beweis dafür, dass bei diesem Patienten tatsächlich etwas in Bewegung kommen könnte. Ein kleines, zartes Pflänzchen, das sich mit viel Aufmerksamkeit und noch mehr Geduld eventuell zum Wachsen und Gedeihen bringen lässt. Dann gibt es wiederum

Phasen, in denen die Behandlung ausgesetzt und der Insasse sich selbst überlassen wird. Sie dauern manchmal so lange, dass Heckel unruhig wird, wie er Jahre später in einer TV-Dokumentation über seinen Fall erinnert: »Ich habe immer wieder gesagt, mein Denken und Fühlen wird schlimmer, ist euch das egal?«

Das ist der Heckel, der in fast theatralischer Manier lautstark um Hilfe ruft. Gleichzeitig gibt es aber auch den Heckel, der sich selbst von allen und allem abkehrt, Absprachen nicht einhält, Grenzen überschreitet – und immer wieder aus der Anstalt flüchtet. Mal entkommt er für einen Tag und mal für drei Tage. Ein anderes Mal, 1997, entkommt er sogar für eine Woche, bevor er sich wieder von allein stellt. Diese Fluchten sind kein Kunststück: Etliche psychiatrische Anstalten der DDR wurden nach der Wiedervereinigung nur auf die Schnelle und eher provisorisch in puncto Sicherheit nachgerüstet, um auch hier einen Maßregelvollzug zu gewährleisten. Glaubt man Heckel, hatten alle Fluchten denselben Grund. So hinterlässt er vor der letzten einen Zettel, auf dem steht: »Tut mir leid, die Kleine geht mir nicht aus dem Kopf.«

Die handschriftliche Botschaft bezieht sich auf das elfjährige Mädchen, das der Ausbrecher 1994 nach dem Missbrauch fast zu Tode gewürgt hat, und scheint das Opfer zu verhöhnen. Im Kopf des Serientäters geht es jedoch genau so zu. Er fokussiert sich in seiner tief sitzenden Angst vor erwachsenen Frauen auf Mädchen, die er nach Wunsch dominieren kann. Er sucht Befriedigung in einer uneingeschränkten Machtposition.

Diese Defizite sollen auch nach der Verlegung in die Landesklinik Neuruppin weiter behandelt werden. Hier suchen ab 1997 wieder andere Therapeuten mit wieder anderen Methoden einen Weg zu ihm. Solange da ein Funken Glut in der Asche ist, soll alles Erdenkliche versucht werden. Denn es gibt neben den schlechteren auch die besseren Tage, an denen der Patient nach längerem Schweigen wieder über sich zu reden beginnt. An dieser Stelle wollen die Therapeuten den Faden jeweils neu aufnehmen und dem Patienten helfen, endlich eine Brücke zu sich selbst zu bauen.

Hat er sich nicht schon deutlich stabilisiert, seitdem er hier eingeliefert wurde? In Neuruppin geht man jedenfalls davon aus, als Heckel nach knapp drei Jahren, also im Frühjahr 2000, begleitete Ausgänge gestattet werden. Dazu gehört im Oktober auch ein Ausgang in Begleitung von drei Pflegern nach Märkisch-Oberland, inklusive eines Besuchs bei der Mutter. Dabei hat er ihr kürzlich noch einen Brief voller Vorwürfe geschickt. In ihm heißt es wörtlich: »Du hast mich zu dem gemacht, was ich bin. Ich hasse dich abgrundtief.« So kommt es am Tag X folgerichtig zur Katastrophe. Manfred Heckel schildert sie in einem der vielen Briefe an seine Therapeuten nachträglich selbst. »Zuerst zeigt meine Mutter die Familienbilder und repräsentiert ihre zwei Enkeltöchter (die Mädels von meinem Bruder). Mehr habe sie nicht, sagt meine Mutter abschätzig … Ich wasche so ab, hab schon zwei geraucht und hör mir das blöde Gefasel dort im Wohnzimmer an und denke, warum nimmst du nicht einfach das Küchenmesser und steckst das dem blöden S. *(Name des Pflegers)* ins Gesicht …«

Im nächsten Moment nimmt Heckel tatsächlich das Messer, geht ins Wohnzimmer hinüber und sticht dem Pfleger mehrfach mit voller Wucht in die Brust sowie ins Gesicht. Als seine Mutter dazwischengehen will, sticht er auch auf sie ein. » … Weiß nicht, ob ich getroffen habe. Sage bloß, halt die Schnauze, du Schlampe. S., das Schwein, kippt den Wohnzimmertisch um und schreit mittlerweile auch wie ein Schwein. Überall spritzt Blut. H. *(weiterer Betreuer)* und der andere Pfleger erscheinen in der Tür …«

In dem blutigen Durcheinander kann keiner der Betreuer verhindern, dass Heckel schließlich entkommt. Seine Flucht führt ihn bald in eine Laubenkolonie, in der er sich tagelang versteckt hält. Zwischendurch schreibt er wieder Tagebuch. »Gut und böse. Das eine geht ohne das andere nicht. Ich will böse sein.«

Der ist inzwischen auf einem guten Weg. Der hat angefangen, sich mit seinen Taten auseinanderzusetzen. Der ist nicht mehr gewaltbereit und hat eine erstaunliche

Entwicklung gemacht. Der hat jetzt eine ganz andere Selbstwahrnehmung und kommt viel empathischer rüber … So und ähnlich steht es in den Gutachten etlicher studierter Männer und Frauen an die Gerichte, die im deutschen Straf- beziehungsweise Maßregelvollzug folgenschwere Entscheidungen beeinflussen. Von ihren Expertisen hängt ab, ob die Täter als zurechnungsfähig im Knast landen oder als behandlungsbedürftig in der forensischen Psychiatrie; und ob man ihnen begleiteten oder unbegleiteten Ausgang gestatten oder sie sogar ganz aus dem Vollzugssystem entlassen kann. Das führt bestenfalls zu einer mustergültigen Resozialisierung – und im schlimmsten Fall zu weiteren Verbrechen. Ein Fehler in der Einschätzung kann den Tod von unschuldigen Menschen bedeuten, und dazu kommt es leider auch hier.

Manfred Heckel bleibt auf seiner Flucht eine Woche lang in der Laubenkolonie am Rande seines Heimatortes, ernährt sich dort von Pilzen, Crackern und Nüssen. Dann erschlägt er den sechzigjährigen gehbehinderten Rentner vom Nachbargrundstück mit einem Spaten und flüchtet in dessen Auto. Inzwischen suchen mehrere Tausend Polizisten mit Spürhunden, Wärmebildkameras und Helikoptern nach ihm, von Brandenburg bis nach Tschechien und Polen. Parallel wird in einem kleinen mecklenburgischen Dorf eine Abiturientin rund um die Uhr von Polizeibeamten bewacht. Sie ist das seinerzeit elfjährige Mädchen, das der Serientäter nicht vergessen will. Sein Foto ist jetzt täglich in den Medien, zusammen mit Hinweisen auf die besondere Gefährlichkeit. Bis er fünf Tage nach dem Mord von einer Einheit der Autobahnpolizei nahe dem sächsischen Bautzen entdeckt und bei der Verhaftung angeschossen wird.

Das Drama zieht bald immer weitere Kreise. Die Medien prangern lautstark Fehlerketten und Pannen im Umgang mit dem Delinquenten sowie teils eklatante Sicherheitsmängel in den Einrichtungen des Maßregelvollzugs an. Es kommen Menschen von nebenan zu Wort, die fordern, man möge jene Psychologen, die Heckel Freigang gewährten, am besten ebenfalls in eine Zwangsjacke stecken. Im brandenburgischen Landtag entfesselt sich ein größeres Hauen und Stechen um die politische Verantwortung für Heckels erneute Flucht. Zu seinem schnellen Ende tritt der zuständige Staatssekretär im Innenministerium zurück – nicht ohne eine eindringliche Empfehlung, die Richtlinien für den Maßregelvollzug zu überprüfen. Gleichwohl stellt er sich vor die Leitung der Neuruppiner Klinik, die der Bund Deutscher Kriminalbeamter (BDK) wegen fahrlässigen Umgangs mit Sicherheitsvorschriften angezeigt hat. Später wird Heckel geltend machen, dass man ihn bei der Festnahme »exekutieren« wollte.

Großer Aufriss und großer Aufwand gehören weiter zu der Spur, die Heckel quer durch Deutschland zieht. Eine Kolonne an Begleitfahrzeugen sowie Motorrädern und sogar Hubschrauber eskortieren ihn bald in ein hochgesichertes Justizvollzugskrankenhaus in Westfalen, in dem der Gefangene behandelt wird wegen des Bauchschusses bei der Verhaftung. Er bleibt auch nach der Operation sicherheitshalber mit Hand- oder Fußschellen gefesselt, und mehrere Beamte aus Brandenburg bewachen ihn rund um die Uhr an seinem Bett. Wochen später bringt ihn ein ebenso großer Konvoi in einen für ihn errichteten, hochgesicherten Trakt auf dem Gelände einer psychiatrisch-neurologischen Fachklinik in der Stadt Brandenburg. Hier beginnt Heckel mit der Niederschrift eines autobiografischen Buches, das er veröffentlichen will.

Natürlich trifft er jetzt wieder auf neue psychologisch oder sozialpädagogisch geschulte Fachkräfte. Sie wollen den Prozess unterstützen, in denen der prominente Insasse sich »weiter aufmachen« und über seine Gewalttaten reden kann – getreu der Devise, wonach keine Therapie auch keine Lösung ist. Das gelingt diesem schon deshalb immer besser, weil er den Jargon seiner Gegenüber über die Jahre verinnerlicht hat. Die Erwartungen anderer zu spüren und ihnen scheinbar nachzukommen gehört bekanntermaßen zu den herausragenden Talenten des Psychopathen. Er weiß, wie er sich geben muss, um nicht aufzufallen. Er ist das Chamäleon mit dem 340-Grad-Sichtfeld, den ständig wechselnden Farben und jener harmlosen Art, die der amerikanische Arzt und forensische Psychiater Martin Blinder bereits vor knapp fünfzig Jahren eindrücklich geschildert hat. »Der Psychopath scheint auf den ersten Blick recht gut sortiert zu sein«, heißt es in seinem 1973 veröffentlichten Buch *Psychiatry in the everyday practice of Law*. »Es gibt keine Täuschungen oder Halluzinationen, keine Gedächtnisverluste und eine stabile Wahrnehmung der Realität. Seine Defizite, die Anzeichen abweichenden Verhaltens, sind die chronische Unfähigkeit, sozialen Normen zu folgen, Befriedigung aufzuschieben, Frustration auszuhalten, Impulse zu kontrollieren oder Beziehungen einzugehen.«

So einer kann mitspielen, ja phasenweise überzeugen und sein Gegenüber quasi an einem Nasenring durch die Manege führen. Nicht von ungefähr hält der junge Psychologe weiter Kontakt zu ihm. Er ist noch immer davon überzeugt, dass man seinem früheren Klienten die einzig angemessene Behandlung nach der Methode der Tiefenpsychologie verweigert hat. Hier seien sie doch auf einem guten Weg gewesen. Nicht von ungefähr zieht Heckel durch Kontaktanzeigen (»Manfred, Löwe, evangelischer Christ, sucht …«) auch einige Frauen in seinen Bann, die ihn nach intensivem Briefwechsel in der Anstalt besuchen dürfen, weil die Therapeuten von einer Entwicklung einer tragfähigen und förderungswürdigen Beziehung ausgehen. In einem Fall ist sogar von Verlobung die Rede. Auch in diesem Kontext gelingt es dem Insassen, andere von seiner Kooperationsbereitschaft und seinen Fortschritten zu überzeugen. Ein Delinquent, der fleißig Tagebücher schreibt und historische Bücher liest, vermag in den Frauen eben auch den Wunsch auszulösen, ihn zu retten.

Der Frau, die sich mit ihm verloben will, hat Heckel sogar seine Tagebücher in die Hand gedrückt. Eine Geste, die seine schonungslose Ehrlichkeit und Offenheit unterstreichen soll, um Vertrauen zu schaffen. Etliche Passagen in dem siebenhundert Seiten starken Konvolut bewirken bei der Leserin allerdings das genaue Gegenteil. Zeugen sie doch von der ungebremsten Gewaltbereitschaft und einer krankhaften sexuellen Fixierung auf Minderjährige. Außerdem geben sie die rücksichtslose, vollkommen dissoziale Seite des Serientäters preis. Zum Beispiel in einer Eintragung von 1999, in der er Pläne für eine neue Flucht, weitere Gewalttaten und »mehr Aufruhr« schmiedet: »Ich werde eine Bestie sein ohne Gnade. Am besten wäre es, Vater und Mutter zu töten. Eine sechs bis sieben Jahre alte Maus in den Wald zu entführen, dort zu vergewaltigen und zu töten. Auch Pfleger und Sozialarbeiter umbringen …«

Oder in einer Eintragung Ende Oktober 2000, nach dem verheerenden Besuch der Mutter, wo er in der Laube sein weiteres Vorgehen mit erschreckender

Nüchternheit projektiert: »Ich brauche was Fahr- oder Flugfähiges, um hier wegzukommen. Um in den Besitz eines Autos zu kommen, würde ich auch töten.«

Letztlich aber stößt der mit so viel Intuition begnadete Mann, was seine Avancen gegenüber Frauen betrifft, ohnehin bald an Grenzen: Er kann den Interessentinnen keinerlei Perspektive bieten. Das Landgericht Frankfurt/Oder hat ihn im Dezember 2002 wegen Mordes an dem Frührentner und versuchtem Totschlag an der Mutter wie dem Pfleger zu einer lebenslangen Haftstrafe und anschließender Sicherungsverwahrung verurteilt. Das bedeutet: Heckel wird mit an Sicherheit grenzender Wahrscheinlichkeit nicht mehr in die Freiheit entlassen.

»Ich erwarte ein faires Urteil und will (weiter) Therapie machen«, hat Manfred Heckel damals vor dem Landgericht gesagt. Er präsentierte sich im Laufe der Verhandlungen immer höflicher, immer demütiger und war auch immer besser gekleidet. Man könnte auch sagen: Er erschien immer zivilisierter. Diesmal aber zog er alle Register vergeblich. Auch sein Antrag auf Revision wurde elf Monate später abgelehnt.

Therapie machen: Darum dreht sich sehr viel in einem Rechtssystem, das mehr will als vergelten und wegsperren. Die ambitionierte Leitidee vom Delinquenten, der durch entsprechende Angebote zur Einsicht kommt und seine kriminelle Energie gegen eine neue, tragfähige Perspektive eintauscht, genießt nicht zu Unrecht einen hohen Stellenwert in der Gesellschaft. Aus manchem Saulus wird im Vollzug auch tatsächlich ein Paulus. Aber ist das der Generalschlüssel für alle, die sich in diesem System bewegen? Lässt sich auf jede Festplatte eine neue, unbedenklichere Software aufspielen – oder bleiben durch frühe Beeinträchtigungen beziehungsweise andere »Werksfehler« bei dem einen oder anderen nicht auch mal permanente, irreparable Schäden zurück?

Im Vollzugssystem von Nordrhein-Westfalen machte etwa um dieselbe Zeit, in der Manfred Heckel zu einer berühmten Causa wurde, ein Insasse mit ähnlicher Vorgeschichte von sich reden. Erich F. *(Name geändert)* war im Ruhrgebiet schon als Kind misshandelt, getriezt und in der Schule gemobbt worden, bevor er eine perverse, sadistische Neigung entwickelte. Nachdem er das Töten und Ausweiden unbemerkt an Hunderten von Haustieren trainiert hatte, ermordete und verstümmelte er später vier Frauen; eine von ihnen hatte er zuvor auch vergewaltigt. Ein Schwurgericht stufte ihn im Spätsommer 2000 als eingeschränkt schuldfähig ein und ordnete seine Unterbringung in einer forensischen Klinik des Maßregelvollzugs an. Er sollte sich dort einer Therapie unterziehen, um seine horrenden Gewalttaten aufzuarbeiten.

Sechs Monate später warf der rundliche, unauffällige Mann Anfang dreißig das Handtuch. Er erklärte sich selbst nach etlichen Sitzungen mit Psychiatern und Psychologen für nicht therapierbar. Er wisse schließlich genau, dass ihn das alles nicht erreiche und somit nichts bewirke. Darum möchte er bitte von solchen Maßnahmen verschont bleiben. Folgerichtig drängte er darauf, vom Maßregel- in den regulären Strafvollzug verlegt zu werden. Diesem Wunsch wurde bald entsprochen. Seither ist F. in einem Hochsicherheitsgefängnis in Westfalen untergebracht.

Heckels therapeutische Karriere ist im Vergleich dazu das genaue Gegenteil. Sie hat sich insgesamt über zweiundzwanzig Jahre erstreckt, von denen jedes über den Daumen gepeilt über hunderttausend Euro kostete. Dabei wurden viele unterschiedliche Methoden und häufig wechselnde Gesprächspartner ausprobiert – die ganze Bandbreite dessen, was überhaupt möglich ist. Doch unterm Strich ist Heckel Mitte der 2010er-Jahre kaum weiter als am Anfang. Er hat die Bälle, die man ihm zuwarf, gerade so gut zurückgebracht, dass das Spiel immer weiterging, ohne dass je ein Resultat zustande kam. Seine Inselbegabung als ausgemachter Psychopath befähigte ihn dazu, alle Personen in seiner Umgebung zu manipulieren. Im Zweifel brauchte er bloß die Zauberformel zu wiederholen: Ja, bitte, ich will Therapie.

Es ist dann auch nur konsequent, dass sein Verweis aus dem Maßregelvollzug wiederum von einem Psychologen eingeleitet wird. Der gelangt in seinem 2015 erstellten Gutachten zu der festen Überzeugung, dass der Insasse weiter eine Psychose mit narzisstischen und dissozialen Komponenten aufweise und eine Veränderung nicht zu erwarten sei. Diese Expertise wird den entscheidenden Ausschlag geben, den Dauerpatienten in ein Gefängnis zu verlegen – was ausführlich von allen regionalen Medien verfolgt wird. »Therapeuten geben Manfred Heckel auf«, lautet die Schlagzeile eines Nachrichtenportals im Internet.

Aber die Zeit der Sonderbehandlung ist damit noch nicht vorbei. In der modernen Haftanstalt am Spreewald bezieht Heckel im April 2017 zunächst einen eigens für ihn reservierten Bereich. »Ob er mit anderen Insassen in Kontakt kommt, ist offen«, meldet die *Märkische Allgemeine*. Überdies werden zusätzlich Vollzugsbeamte aus entfernteren Haftanstalten zu deren ausdrücklichem Unmut hierhin abgeordnet, um die verschärften Sicherheitsvorgaben zu erfüllen. Unter anderem dürfen die Justizbeamt:innen nur mindestens zu zweit den Haftbereich des ehemaligen Ausbrecherkönigs betreten.

Hinter diesen Maßnahmen steckt die Erkenntnis, dass Heckel weiter völlig unberechenbar ist und, weil er nichts mehr zu verlieren hat, auch hier Gewalttaten gegen Beamte oder Mitgefangene planen und ausführen könnte. Sollten diese nur spektakulär genug sein, könnte am Ende eines neuen Prozesses die Rückkehr in die Psychiatrie verfügt werden. Dann wäre nicht auszuschließen, dass die ganze Geschichte von Neuem beginnt.

Bisher aber bleibt der Kreis geschlossen. Wie einst in der DDR, sitzt Manfred Heckel, inzwischen fast sechzig, wieder in einer gewöhnlichen Haftanstalt. Auf seiner langen und bewegten Reise durch den Strafvollzug hat er nicht nur mehrere Minister ins Wanken und einen Staatssekretär zu Fall gebracht. Er hat obendrein auch ungezählte psychologisch geschulte Pfleger, erfahrene Psychologen und Psychiater verschlissen. Aber trotz aller Bemühungen – im Zweifel auch von seiner Seite – kann er noch immer nicht auf die Menschheit losgelassen werden, wie man so sagt. Selbst die vielen Engel haben die Dämonen in seinem Kopf nicht vertreiben können.

Da kann man wohl nichts machen.

Nachwort

Von psychopathisch und narzisstisch gestörten Täter:innen ist in diesem Buch oft die Rede, deshalb finde ich die eine oder andere weiterführende Überlegung im Nachgang angebracht. Eine wenig überraschende Einordnung vorweg: Nur ein kleiner Teil von ihnen ist sicher im Knast untergebracht. Die Mehrzahl lebt in unserer Nachbarschaft, teilt sich mit uns das Büro, den Bus oder die Autobahn – und manchmal sogar das Bett. Und weil es so verdammt viele sind, bietet ein unüberschaubares Heer von psychologischen Helfern und selbst ernannten Coaches im Internet seine Dienste an, um uns zu erklären, woran man einen Psychopathen oder Narzissten erkennt und wie man halbwegs unfallfrei mit ihnen verkehrt.

Im weltweiten Netz bekommt man auch den Eindruck, dass unser Globus voll von »toxischen Männern« ist, während die Zahl »toxischer Frauen« demgegenüber verschwindend gering bleibt. Diese Annahme wird von den Kriminalstatistiken ebenso wie von der Verteilung der Strafgefangenen nach Geschlechtern durchweg gestützt. In Deutschland etwa sind gerade mal fünf Prozent der Inhaftierten weiblich. Eine andere Sicht der Dinge ergäbe sich allerdings, wenn man den Frauen zugutehielte, dass sie als Delinquentinnen oft zu clever agieren, um überhaupt verdächtigt oder gar überführt zu werden.

Sind Frauen also wirklich die besseren Menschen, oder kommen sie in dieser Hinsicht nur besser weg? Tatsache ist, dass wichtige Instrumente der forensischen Psychologie wie etwa der Index für Psychopathie ausschließlich an männlichen Probanden entwickelt wurden. Ob sie ohne Weiteres auch auf Frauen übertragen werden können, sollen verschiedene Studien erweisen. Sie haben zumindest das Potenzial, überkommene Rollenbilder und -klischees durch neue Erkenntnisse infrage zu stellen. Die europäische Behörde Europol ist da schon weiter: Sie fahndet bereits jetzt unter dem Motto »Crime has no gender« nach den gefährlichsten Straftäterinnen in der EU.

Stand heute erfüllt hierzulande etwa ein Drittel der männlichen, aber nur elf bis siebzehn Prozent der weiblichen Insassen im Strafvollzug die Kriterien für eine voll entwickelte Psychopathie. Allerdings weisen Experten auf eine geschlechtsspezifische Verzerrung hin, da viele der Symptome – zum Beispiel Wutausbrüche, impulsives Verhalten, Manipulation und Promiskuität – ebenso für eine emotional instabile Persönlichkeitsstörung stehen, die bei Frauen häufiger auftritt. Auch die Art, wie psychopathische Charaktere Gewalt ausüben, ist sehr unterschiedlich. Während Männer eher zu körperlicher Gewalt neigen, begnügen sich Frauen oft mit subtilerer Aggression wie Manipulation, Mobbing und Beleidigungen.

Grundsätzlich ist die Psychopathie ohnehin ein Konstrukt, das der amerikanische Psychologe Robert D. Hare entwickelte. Sie ist nicht automatisch mit der dissozialen oder antisozialen Persönlichkeitsstörung gleichzusetzen, von der in den Fallgeschichten meist die Rede ist. Hares »Psychopathy Checklist« umfasst in ihrer überarbeiteten und revidierten, aktuellen Version (PCL-R) zwanzig Merkmale, die grob geschätzt zwischen ein und drei Prozent der Gesamtbevölkerung erfüllen. Die meisten davon landen niemals im Knast, sondern finden sich in seriösen Berufen wieder, in denen solche Persönlichkeitsmerkmale sogar nachgefragt sind. Sie sind Vorstandschefs und Manager, Kampfpiloten und Bombenentschärfer, Ärzte, Investmentbanker oder Schauspieler.

Erfolgreich sind Narzissten aufgrund ihres ausgeprägten Leistungswillens, ihrer Kreativität und Produktivität auch besonders in den Medien und im Kulturbetrieb. Die Weltgesundheitsorganisation (WHO) führt ihre Symptomatik deshalb auch nicht länger als Krankheit auf. Dennoch kann eine narzisstische Persönlichkeitsstörung in ihrer bösartigen Form zu Gewaltexzessen mit erheblicher Gefahr für Täter:innen und Opfer führen, wie mehrere der hier gesammelten Geschichten zeigen.

Prinzipiell beginnt jedes Verbrechen im Kopf und wurde in der Fantasie vorher wenigstens einmal durchgespielt, wie es heißt. Außerdem deuten wissenschaftliche Erkenntnisse schon lange auf einen gewissen Zusammenhang zwischen vorgeburtlichen oder frühkindlichen Hirnschädigungen und späteren Störungen im Sozialverhalten und in der Persönlichkeitsentwicklung hin, die sich nicht mal so eben »verwachsen«. Und selbst Erkrankungen im Erwachsenenalter können eine delinquente Persönlichkeitsveränderung bewirken. Die Kriminalgeschichte kennt solche Fälle zur Genüge. Bei den meisten Täter:innen lassen sich mithilfe bildgebender Untersuchungen des Gehirns jedoch allenfalls einzelne Hinweise auf signifikante Übereinstimmungen entdecken. Was übrigens genauso gilt, wenn es darum geht, das Gute oder das Geniale im menschlichen Gehirn zu lokalisieren. Nach wie vor scheitern wir am Gottesbeweis genauso kläglich wie bei unseren Versuchen, wenigstens Schnappschüsse vom Teufel zu machen.

Einmal im Knast gelandet, stehen alle Täter:innen

unter besonderer Beobachtung. Hier wird jede Verhaltensauffälligkeit dokumentiert. Deshalb versuchen vor allem Insassen mit psychopathischer Persönlichkeitsstörung, mit ihrem bewährten manipulativen Talent unter dem Radar zu fliegen. Sie kaschieren ihre devianten Absichten hinter der Fassade einer augen- und allgefälligen Anpassung, um sie in der Subkultur des Gefängnisses dennoch verdeckt auszuleben. Das gelingt aber nur selten dauerhaft. Viel häufiger poppen in alltäglichen, eher banalen Belastungssituationen plötzlich unkontrollierte Verhaltensweisen auf, die für kurze Momente einen Einblick in seelische Abgründe erlauben. Dann wird das latente Gewaltpotenzial hinter den Masken und Posen plötzlich sichtbar.

Im Grunde waren das genau die Situationen, die mich bei meiner Arbeit im Knast am meisten faszinierten. Bis zum Schluss hat mich ja interessiert, wie die Haft Straftäter:innen verändert und ob das System des Strafvollzugs sie wirklich zu besseren Menschen machen kann. Dazu gehörte auch die Frage, ob eine Behandlung mehr an der Soft- oder besser an der Hardware, also an der Psyche oder dem Gehirn, ansetzen sollte. So war ich mit einiger Sicherheit auch der einzige Gefängnisarzt in deutschen Vollzugsanstalten, der sich exemplarisch mit der antiandrogenen Behandlung von Sadisten und Pädophilen in der Sicherungsverwahrung beschäftigt hat. Knallharten, fast aussichtslos erscheinenden Fällen also, bei denen auch erfahrene Gutachter:innen und Richter:innen keine positive Sozialprognose ohne zusätzliche »chemische Kastration« durch Pharmaka verantworten wollten. Letztlich ist aber auch diese Art der Therapie unter Experten umstritten, zielt sie doch nur auf die Sexualorgane und den Hormonhaushalt der Täter ab – ohne deren Bewusstsein, sexuelle Präferenz oder einschlägige Trigger der Lust zu beeinflussen. Das Gehirn bleibt nämlich unser größtes, mächtigstes Sexualorgan, jedes triebhafte Verbrechen nimmt hier seinen Anfang. So wie umgekehrt jede leidvolle Erfahrung im Gehirn der Opfer dauerhafte und schlimmste Verwüstungen hinterlässt.

Doch warum gelingt es perversen, sadistischen Psychopathen, die vergewaltigen, missbrauchen, quälen und morden, oft über Jahrzehnte hinweg, unerkannt mitten unter uns zu leben?

Die Antwort ist verblüffend einfach: Man sieht es ihnen schlichtweg nicht an. Sie kommen als nette Nachbarn, sympathische Arbeitskollegen, engagierte Vereinsmitglieder und mitfühlende Helfer in der Not daher, obwohl sie erst Stunden zuvor ein Kind missbraucht und mit bloßen Händen erwürgt oder eine Frau vergewaltigt, getötet und zerstückelt haben. Manche beteiligen sich sogar an der Suche nach ihren Opfern, denn sie wissen genau, was man tun muss, um auf keinen Fall aufzufallen. Wer so entsetzliche Gedanken in seinem Kopf bewegt, tut schon intuitiv fast alles, um sie zu verbergen.

Die wenigsten müssen das länger einüben. Sie stammen aus einem sozialen Milieu, in dem Anpassung und die Verleugnung eigener Bedürfnisse an der Tagesordnung sind. So war eine meiner erstaunlichsten Erfahrungen im Knast, dass selbst erklärte Outlaws der Gesellschaft und radikalisierte Terroristen fast ausnahmslos von überraschend kleingeistigen Vorstellungen und Bedürfnissen geleitet werden. Es gab unter ihnen nur wenige wahrhaft kluge, polyglotte, großzügige und weltgewandte Geister, und ein Hannibal Lector war auch nicht dabei. Der ist ohnehin bloß eine Erfindung Hollywoods.

Keine Fiktion, sondern bittere Realität ist hingegen, dass auch Änderungen gesellschaftlicher Normen und Moralvorstellungen kollektive Gewaltbremsen lösen können. Besonders in Krisen- und Kriegszeiten öffnen sich bekanntermaßen Schleusen für Psychopathen und Sadisten jeder Art. Sie können nun als Soldaten, Freischärler oder Untergrundkämpfer in einem legitimierten Rahmen ihren krankhaften Neigungen nachgehen, bis der Schalter erneut umgelegt werden muss. Dann geben sie umgehend wieder die treusorgenden, liebevollen Ehemänner und Väter.

Interessanterweise sind es selten die Initiatoren und Überzeugungstäter, die mit ihren Erinnerungen aus bewaffneten Konflikten später nicht zurande kommen, sondern die empfindsameren Mitläufer, die sich zum Mittun genötigt sahen. So habe ich das auch in Gesprächen mit ehemaligen Kämpfern aus Afghanistan und Kindersoldaten aus Afrika erlebt.

Je abscheulicher ein Verbrechen, desto dicker die Mauer des Schweigens, heißt nicht umsonst eine Faustregel. Während ich hier an den letzten Texten für dieses Buch sitze, tobt auf dem Gebiet der Ukraine ein Angriffskrieg, bei dem schon wieder von »zivilen Opfern« die Rede ist.

Offenbar gibt es richtige und falsche Opfer sowie regelkonform Getötete und illegal Ermordete, ob das nun versehentlich oder vorsätzlich geschah. Außerdem wird einmal mehr von Völkermord gesprochen, dem *Crime of all Crimes*, deren Verursacher als High-Scorer im Ranking des Bösen gelten. Gleichzeitig gehen in jedem Inferno Trennschärfe und moralischer Kompass schnell verloren – auch wenn manche in den sozialen Netzwerken über den Geisteszustand östlicher wie westlicher Staatsführer spekulieren, um auf diese Weise Follower und billige Likes einzusammeln.

Doch so sehr wir uns auch verlässliche Zuordnungen von Gut und Böse, Tätern und Opfern wünschen, so unerbittlich entscheiden ab dem *Casus Belli*, also dem Kriegsfall, letztlich nur die Sieger, was als Unrecht eingestuft und als Verbrechen angesehen wird. Nur sie erlangen irgendwann die Autorität, ihre selbstgerechten Wahrheiten als historische Fakten zu etablieren. Denn wie heißt es so treffend: *Winners are never tried for war crimes.*

Wieder gibt es Staatsführer und andere Vorgesetzte, die Befehle erteilen, und Untergeordnete, die ohne Zögern ausführen, was man ihnen befiehlt. Sie glauben wie Fußsoldaten vor Jahrhunderten: *The king can do no wrong.* Und wieder werden wir Augenzeugen von Kriegsverbrechen, die entfesselte Psychopathen und Sadisten im Namen einer großen Sache an entmenschlichten Opfern begehen. Dabei entpuppt sich der Krieg als größter Serienmörder von allen. Die unerhörte Anzahl der Gewalttaten, die dabei geschehen, lässt eigentlich keine Vergleiche mehr zu und überfordert unsere Vorstellungskraft.

Ist der Unterschied zwischen individueller und institutionalisierter Gewalt, also Gewalt »von unten« wie Gewalt »von oben«, denn wirklich so groß, wie das von Staats wegen beharrlich behauptet wird? Ich habe daran schon lange meine Zweifel. Derzeit bestätigt sich doch einmal mehr die traurige Gewissheit, dass man so gut wie jeden per Marschbefehl dazu bringen kann, zum Brandstifter und Plünderer, Folterer und Mörder zu werden.

Ganz im Sinne von Immanuel Kant, dem großen Philosophen der Aufklärung, der in einem früheren

Jahrhundert festgestellt hat: »Der Krieg ist darin schlimm, dass er mehr böse Menschen macht, als er deren wegnimmt«. Dieser klugen Beobachtung ist nichts hinzuzufügen.